嚮往，對自己「夢想與信念」的小小「執著和堅持」，對很多過來人來說，「成為一名SOHO族是水到渠成，時機來了，就去做」，但是我喜歡我的SOHO族生涯是「刻意經營」，唯有成為一名SOHO族，我才能「做盡自己喜歡做的事」，我希望利用這本書跟讀者分享自己的經驗，亦祝福所有「有志」成為SOHO族的未來人類，早日達成心願。

附註：感謝所有幫助我完成這本書的人。

就如同我書裏說的，成為一名SOHO族，家人的支持很重要，謝謝我的姐姐每天為我加餐飯；當然更要謝謝我的「阿那達」，每每遇到挫折時，他會毫無怨言的分攤我所有的苦惱，給我百分之百的鼓勵。

林書弘

# 推薦序

## 實現夢想的工具書

如果你在看這本書的話，我猜你也跟我一樣對自己的「DREAM WROK」夢想的工作，抱著期望並想一步一步的實現它。

你還記得小時候寫我的志願嗎？寫完之後老師、爸媽看完後總會說一聲「好！不錯！」然後再沒有人告訴我們要怎樣去實現「我的志願」，結果就懵懵懂懂的唸完書，順著社會上一般的模式找到一份差強人意的工作。

回想一下現在做的工作可能離「我的志願」還有一段距離，但還是不停的夢想著能有一份養活自己，而又樂在其中的工作…

其實SOHO一族是實現夢想的其中一個方法，從前只要提到創業，就想到一大堆人事業務支出，所以許多人都望之卻步，但是在資訊發達的今天，你只要有靈活的腦筋、一台電腦及一具電話就能創業，當然「家」就是你創業的基地了！

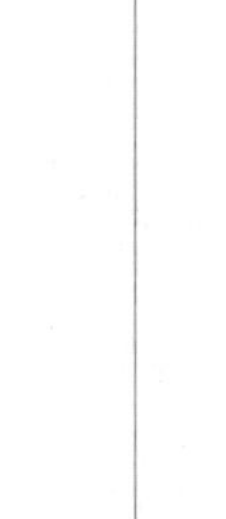

工商企管系列005

# 動腦生涯轉轉彎

企劃工作者

# 自序

## 忘記小時候我的志願是什麼？

只記得長大後，每當在生活或工作上遇到挫折時，總是喜歡躲進洗手間，打開水龍頭，讓水嘩啦啦的流，然後坐在馬桶上大哭……。哭完後，我就告訴自己，這一輩子，我的這一輩子只想「做自己喜歡做的事」。

二十歲那一年，我一腳踩進「唱片界」，做一份我不是完全了解的工作——檔案管理。當時「電腦」跟「傳真機」剛剛在辦公室盛行，我的主管是個很上進的人，當然也堅持要我們跟著上進。那是我跟電腦的第一次接觸，感謝社會與科技的進步，現在我只要擁有一台電腦就開始實現夢想。

進入唱片界後，我最嚮往的工作是「唱片企劃」，因為他們老是跟老闆開會、跟藝人接觸、寫歌詞給歌手唱、製作MTV腳本、辦校園演唱活動、寫宣傳文案……等，這些「阿

里不雜」的大小事他們都可以參一腳；但是真正從事「企劃」這份工作前，還是需要經過一段時間的磨練，努力充實生活與經歷很重要，為了「自我充實」，我放棄工作，跑到美國再進修。

在美國念書的這幾年，我還獲得一個意外的工作機會——到大陸拍戲。認真說來，這個工作只是玩票性質，但是我卻有機會坐在這部電影的編劇——名作家阿城的旁邊，聽他如何為這部電影的主要幾個角色創造生命。阿城雖然是作家，不過也可以把他納入「自由工作者」的行列，因為他早在七、八年前便已經開始用電腦寫作，後來他又租了自己的工作室，自由自在的經營他的文字創作，真正是走在時代尖端的自由作家。

回台灣，我的第一份工作是在國內一家模特兒經紀公司國外部任職，承蒙公司的愛戴，我有機會可以出國跟國外的經紀公司打交道、挑選模特兒、談合約、殺價、談條件(其中包括造訪SUPER MODEL克勞蒂亞雪佛的經紀公司)，從這些工作的訓練當中，我逐漸養成「獨當一面」處理事情的能力，但是也由於在主管的權威之下，不能盡情發揮自己的專長，久而久之便興起去意，掙扎的結果當然選擇早日離去。

# 自序

最後我還是回到唱片公司工作，這一次真的是做我喜歡的事了，除了寫寫企劃案、文案外，還參與網路開發的工作；當然，最主要還是介入企劃唱片的發行，以及行銷活動的開發與推廣。「企劃」是個不定時的工作，忙起來時，彷彿二十四小時都在工作，「創意」又是個很個人的東西，做的時間一長，會不自覺的渴望有自己的「工作舞台」和「工作空間」來發揮，因此成為SOHO族的意念便在腦海裏漸漸興起。

當我認真的想走進SOHO族的生活時，就開始羨慕那些不用為生活煩惱的自由工作者，為什麼他們會有這麼好的運氣，能夠自由自在的工作，自由自在的生活，隨性又任意，自己的生活自己操控。於是我開始想要深入了解SOHO族的生活，每次在工作上有機會遇到SOHO族時，我總是不怕惹人嫌的問了許多問題，在了解的過程當中，我才知道每個行業都有說不出的「酸甜苦辣」，SOHO族絕對也有他們的幸福與苦惱，所謂的「隨性」是有限度的。

根據社會專家的預測，在邁入下一個世紀後，SOHO族會漸漸擴大他們的工作舞台，人的工作方式也會變得越來越「獨立」，會寫這本書是基於自己對SOHO族生活的

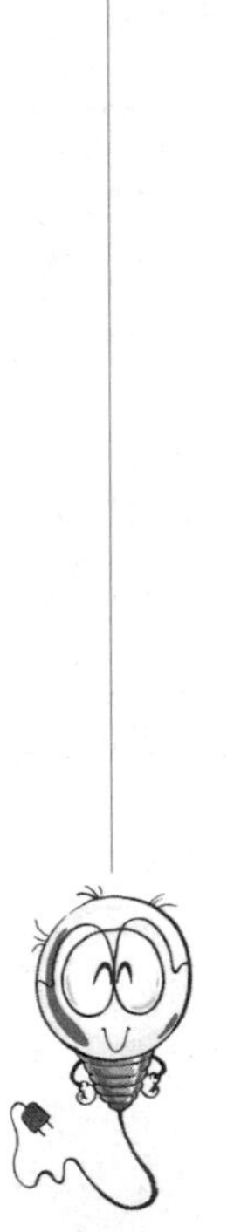

書玉把作為SOHO一族會遇到的問題及工作心態的調適，有系統且完整的與大家分享，讓有心創業的你，有更明確的方向，進而一步步實現你的夢想！

朱敬然

Feb 04, 1999

朱敬然 出生於香港

專業音樂創作人

發表過的作品有：

顏色（李玟）

他的女人（劉德華廣東專輯）

# 推薦序

## SOHO族的「葵花寶典」

總是有種感覺：還沒休息夠，就又要上班！相信這是許多上班族共有的心聲。

我是個上班族，但卻有著SOHO族的工作特質。因為從事廣播主持及文字創作，有許多的工作可以在家完成，於是我把書房的功能提高到與辦公室沒什麼兩樣，兩台電腦(一台PC，一台NOTEBOOK)、還包括一部掃描機以及一台多功能傳真機、一部影印機、一個小型的桌上攝影棚(可以拍一些靜物)、一套配備完整的音響設備，家裡就像個小型辦公室，我為自己在工作中所需的硬體做投資的一個重要原因，就是希望有朝一日能足不出户的在家工作！

這是一本關於SOHO族創業、生活的「實用指南」，也是關於SOHO族如何面對競爭、壓力的「葵花寶典」，在這本書裏您將可以了解SOHO族所面臨的酸甜苦辣，對於未來有志成為SOHO族的新人類來說，閱讀本書是一個起點。

坊間談「SOHO」的書籍與雜誌不在少數，這是一本深入淺出的大補貼，邁入新世紀前，趕快來補一補囉！

中廣流行網「星河之旅」及「星河夜語」節目主持人

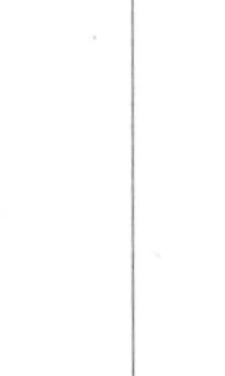

# 前言

## 「二十一世紀會發光的新族群——SOHO族」

### SOHO族為什麼會流行？

早在幾年前，美國一些社會研究專家就曾經大膽斷言，跨入二十一世紀後，在家工作的人口比例將日益提升；最主要的原因是隨著科技的進步，社會型態組織的改變、人類追求生活品質的慾望，以及專業分工的精密所漸漸發展出來的社會新趨勢。

這種在家工作的新趨勢已經逐漸在社會享有它受人注意的魅力跟要件，而這種新趨勢也有了時髦的代名詞，目前就大眾或專業人士所知，一般統稱這些在家工作的人類叫「SOHO族」。

什麼是SOHO？SOHO就是「Small office and Home office」的簡稱，亦即是小型辦公室和居家辦公室的意思。而SOHO族就是在這種辦公室環境裏工作的族群。SOHO族

# 前言

這個名稱雖然在這幾年才漸漸成型，但是類似的工作型態，早在十幾年前已經像藏鏡人一樣躲在社會某個角落，只是風氣未盛行，一般人也不太注意；舉個唱片界的例子來說吧！大約在十年前，唱片界陸陸續續成立了許多「製作工作室」，如齊秦的「虹」工作室，這些工作室多數承攬唱片公司製作詞曲的工作，或者培訓工作室簽約的歌手；因為工作室的成員多數為製作人或喜歡搞音樂的人，他們在音樂製作的專業領域上絕對有他們的實力，但是在「企劃」這一部份，多數為外行，他們不懂如何包裝歌手、如何執行宣傳工作，甚至不懂如何辦活動，為新專輯造勢，所以，關於這一部份的專業領域只好外放給外面的「唱片企劃人」來規劃或進行。這些「個人工作室」的工作者或兼職的「特約企劃人」其實都可歸納到SOHO族的前身。

SOHO族雖然是近幾年才漸漸成為眾目睽睽的新趨勢，但是風氣的形成總是有原因的，SOHO族為什麼會盛行？下面即是統合一般SOHO族脫離「朝九晚五」生活的主要原因：

| 原因 | 理由 |
| --- | --- |
| ★時間 | 時間的分割與利用，在日益繁忙的社會型態簡直變得困難重重，正常上下班的工作，佔據太多時間，守在辦公室動彈不得，一旦成為ＳＯＨＯ族，可以自由分配時間。 |
| ★人事 | 一旦有人的地方，就有問題產生，辦公室的人事問題，一直是上班族必須面對的難題，一旦成為ＳＯＨＯ族，就可以有藉口躲開這項人事糾紛。 |
| ★薪水 | 上班族的好處是擁有一份固定薪水，反過來說，薪水是固定的，所以時間、人力的付出再大，也無法再創造更大的利潤空間，一旦成為ＳＯＨＯ族，卻大有可為。 |
| ★創意 | 企劃是一個跟創造有相當關連的工作，很多專業企劃人在公司體制的壓抑下，創意得不到認同或發展空間，向外發展是自然而然，順理成章的現象。 |
| ★生活品質 | 社會越高度發展，人類追求生活品質的慾望也越高，因此混亂的交通和 |

# 前言

★自我挑戰

★追求成長

★自我肯定

★創造未來

社會秩序，及為了追求更美好的工作與生活環境，也是造成專業人士尋求獨立發展的原因。

當一個人在一成不變的工作環境裏待過一段冗長的時間後，會漸漸淪於安逸，改變環境其實就是向自己挑戰，嚴格說來，SOHO族比較勇於面對挑戰。

面對競爭惡劣的工作環境，SOHO族在心態上會更加積極進取，投入SOHO族的行列是另一種追求成長的方式，除非自省能力很強，否則給自己一些小小壓力，並無害處。

沒有公司體制大傘的保護，難免會失去一些在群體工作環境裡即可享受的利益，但是晉身SOHO族責任雖加重，相對的，在工作成就上，更可以創造自我肯定的機會。

長期安於一種固定的工作模式也無法提供自己一個有保障的未來，加入SOHO族的行列可以創造成功契機，也許剛開始奮鬥很辛苦，一旦成

★順應潮流

功，未來就在自己的掌握之中。

如果你有實力，如果你有機會，如果你想改變，所有的TIMING(時機)都剛好在同一時間走進你的生活，也許就是你走向SOHO族的時候到了。

## SOHO族的舞台

追求個人自由以及發揮空間是多數SOHO族的夢想，當年最具「獨特眼光」和「不怕失業」的個人工作室成立者，有些已經日益壯大漸漸發展成為公司型態，有些則早已收攤，又淪為企業體制下的階下囚(再度失去自由)，這也是SOHO族目前所面臨的最大抉擇及難題，一旦壯大成為公司型態，在管理上，也有可能再度回歸到企業體制下的弊端和管理問題層面上，經營不善，可能選擇回到企業體的編制，這種惡夢一旦發生，SOHO族心理的掙扎，矛盾，恐慌可想而知，做或不做，很難取捨。到底SOHO族還會面臨那些問題呢？不管是實際或預料中的困難，都將在下列的章節裏一一探討。

# 前言

## SOHO族的自我條件

正如上述所言，造成專業人士追求SOHO族生活的原因有很多，但是真正的主因還是在於自己本身的專業能力，說得明白一些，造成專業人士陸續投入SOHO族行列的原動力是實力，有實力才能在競爭激烈的社會裏掙得生存空間，其他的因素雖然也很重要，但都可能歸納到附屬誘因裏。舉個例子來說吧，以現今台北的交通來說，從上班到下班，我們會浪費多少時間在搭車上面，做為一名上班族，在歷經長期的交通時間災難後，你可能會漸漸產生「在家上班或工作」的念頭，這個想法一來，SOHO族的夢想已經在你的思考裏萌芽，有了想法固然很好，但是有想法沒有實力也一樣做不到，相信自己的能力，在踏入SOHO族的門檻時，必須經過一段時間的磨練，在這段時間裏，實力的培養絕對不能輕忽。

## SOHO族的自我充實

實力的補充應該是隨時隨地吸收及加強，尤其在資訊日益發達的今天，越來越多的專業

人士可以真正做到「秀才不出門，能知天下事」的境地，透過網際網路，不僅可以即刻獲得國內資訊，甚至於國際上的熱門話題、趨勢、潮流也可以馬上取得，這樣省時又省錢的便利之道，對於SOHO族而言是最佳的運用方式之一，如果不懂得利用，豈不是白白浪費了。網際網路其實也為社會帶來另一種商機，更是創造了一批批的另類專業人才，而這些人才裏也有很多是屬於SOHO一族，或是以case by case(按照單一的企劃案來收費)，亦就是free-lance(按件計費，亦可算半個SOHO族)的方式互相合作。吸收新資訊是自由工作者必須經常溫習的功課，常常遊走在各個網站裏，搞不好會找到一些機會，討論區是另一個廣結善緣的區域，只是資訊的準確度有時有待自己斟酌，這也是做為一名實力派的SOHO族所必須具有的條件之一，亦即精準的判斷力。

## SOHO族的未來計畫

SOHO族的生涯必須有計畫的進行。不管是在事業規劃或是經濟實力上，最好自己能預先訂定一套原則出來，當目標很明確之後，才能清楚的認知自己在那一個階段能做到什麼程度；尤其在財務管理上，更是疏忽不得，一旦經濟獨立，在企劃案的選擇上有更多的選擇空間，並且在談判桌上，也比較不容易失去自主權。別忘了，多數人在選擇加入SOHO族行列時，都抱著想擁有更多的自由權的想法，但「自由」是當自己能生存時才會感受得更深刻，所以「經濟命脈」掌握一半自己能不能成為一名快樂的SOHO族，所以，計畫越早進行對自己越有利。

## SOHO族的自我平衡

人難免都會面臨挫折，一旦面對打擊，是不是有信心跟能力再度站上舞台，扮演好自己的角色。SOHO族會遇到的另一個問題是工作EQ。情緒的起起伏伏，任何人都會遇到，但是SOHO族會更加明顯的主因是SOHO族多數屬於單打獨鬥型，「勝負成敗」的責任通常都得自己一肩扛起。群體工作(team work)的好處是大家共同share(分享)責任與利弊，share

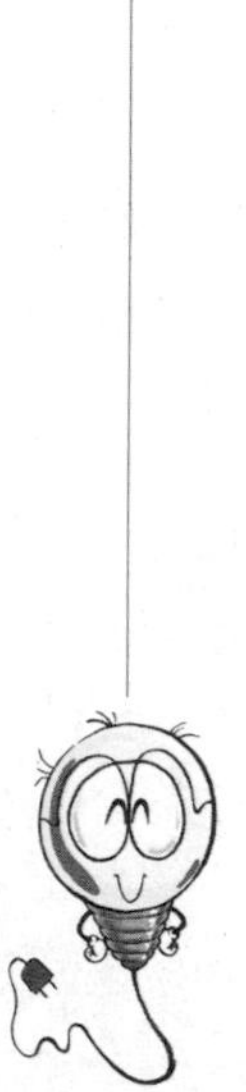

的好處是自己承受的壓力比較小，壓力常常容易造成情緒的緊繃，所以，SOHO族在工作EQ上也要適度的釋放與協調，至於如何釋放與協調，也在本書的討論範圍內。

## SOHO族的自我調適

SOHO族的路不一定都是平坦無阻，在這個戰場裏跌倒，一蹶不振的例子也不少，SOHO生涯也不完全是一條康莊大道，可以保證自己前途光明燦爛，有些SOHO族在辭了工作，正式脫離團體生活後，才發現一個人的道路多麼寂寞難耐，美好的SOHO生活，難道不需要付出代價嗎？「天下沒有白吃的午餐」，做每件事都是「有所付出，才能有所回報」，在創造的契機裏，付出與回收都不一定成正比例的成長，這中間的「價值觀」差異，有待自己評估。有些人以為賺「一筆錢」是收穫，有些人則認為完成「一件企劃案」才能得到滿足，不管自己選擇做SOHO族的理由是什麼，「理想」絕對是撐起自己夢想的橋樑。

# 前言

## SOHO族的自我拓展

「生活可以有夢，有夢才有理想」，有理想還要懂得「方法」，才能充分利用自己的才華，使理想能真正落實在生活裏。做一名SOHO族等於做自己的老闆，「老闆」的另一個意義是從影印文件到出門談案子都必須親自下海，一手扛起的工人，在心理上先要有這樣的認知，在決定一項工作時，計畫先擬定出來，再按照計畫進行。所謂的「方法」，就是懂得掌握自己周邊的環境，擅用自己的能力，做最有效率的決定。因此，人脈互動的流通，也就顯得益發重要，人與人之間的關係是非常微妙的，機會的產生有時就在自己與人的互動上瞬間蹦出來，把握機會，也是SOHO族爭取生存的方式之一。

## SOHO族的創業基金

當然，創業最大的優勢是財庫充裕；萬事俱備，只欠東風--MONEY，也是成不了氣候。

常聽人說某某人奮鬥得多成功，一切白手起家，好耶！了不起，白手起家難道不需花一毛錢

嗎？創業一開始，沒有收入，但是就必須不間斷的付出，不光是時間、人力，還有「錢」哦！少了錢，一切都動彈不得，「創業基金」是在成為SOHO族的一員時，就必須提早進行的，這些先決條件，本書也會詳細為你解說。

## SOHO族的新世界

SOHO族不應該只是一個時髦的代名詞，它的相對意義是專業人士在尋求機會創造自己的生存空間、定位。為什麼會想要在競爭的惡勢裏創造自己的美夢呢？除了上述提到的，「科技的進步、社會型態組織的改變、人類追求生活品質的慾望，以及專業分工的精密」外，其他還有「專業知識的提升、公共生活指數的滑落、尋求精神以及經濟的獨立自主、遠離上下班的traffic、逃避朝九晚五的boring」等，都可能刺激自己一腳跨入SOHO族的生活裏。夢想可以創造，實踐卻需要許多客觀條件，客觀條件的產生有一半掌握在自己手裏，你有做SOHO族的美夢嗎？如果有，歡迎你進入SOHO族的New World（新世界）。

# 目錄

# 目錄

# 第一章

# 企劃SOHO族的工作類型及發展空間

喜歡搞怪，顛覆傳統，創造契機的創意企劃工作者都在做些什麼？

很多行業都很有機動性，亦很有創造性，從事這些行業的人也不用像公務員一樣，活得那麼刻板，這些行業通常跟帶動潮流，創造流行有很大關連。越是從事這種行業的人，越有機會「脱軌」；不要誤會啊！這裏的脱軌指的是脱離常軌。喜歡脱離常軌的人有那些呢？概括來説，應該是越愛動腦筋、出些古靈精怪點子，不安份（就是不喜歡一板一眼的看待事情），喜歡突發奇想，生活帶著創意的人都可列入範圍之內。尤其是不愛安份的人，通常也比較不愛守著那些死板的公司規章；工作怕被管，不工作又怕餓死，怎麼辦呢？只有想辦法成立自己的工作空間；「專業企劃」就是一個富有創造力、機動性，同時又可以在群體(team work)或個人(personal)的工作空間裏找到生存之道的行業，換句話説，也就是可以使自己「脱軌」的行業之一。可以脱軌並不代表可行，到底那些行業或工作類型是最適合喜歡脱離常軌的企劃ＳＯＨＯ族呢？以下是綜觀社會現況所做的討論與分析。

# 第一節 「企劃」代表什麼？

什麼是企劃？有人用簡單的一句話來解釋，就是「出賣點子的人」。其實企劃人員在現今職場裏所扮演的角色比過去還要多元，而且也不再僅僅是拘泥在提提案子，或是製作一些紙上作業流程等簡單的工作而已。曾有人戲謔的說，如今的企劃人員，不懂marketing(市場行銷)，就不能稱為專業企劃，如果想要做一名專業企劃，卻不懂整合行銷，那就更沒得混了，也有人半開玩笑的說，誰有權來決定一個「企劃案」的成不成功？答案是「消費者」。

以現今的消費習慣來看，多數的公司行號為了爭取銷售營利，難免會把成功的「企劃案」設定在可以使商品達到暢銷就是好的企劃案的定義上；嚴格說來，這並不公平，製作企劃案時，有許多很好的創意雖然沒有受到消費者的認同，但不代表這是一個失敗的案子，況且企劃案的應用範圍很廣，不光是在產品行銷上，甚至於活動促銷、人事訓練、歌手演唱會及未來發展藍圖等，都可以發現企劃的概念與構想。不過，以現實層面的考量來看，製作企劃案時，是必須把個人的主觀意識、喜好、偏見先擺在一邊，把自己置身事外，亦就是以旁觀者的姿態把企劃案內所提出的策略、目的、觀點、產品定位等主要方向，仔細的瀏覽過，試試看自己能不能接受？當自己可以採信企劃案所規劃的內容時，基本上，這個提案的「想法」已經可以成立了。

## 第二節 專業企劃的種類

「企劃」可以分為很多種，普遍來說，以下所列出的企劃人員，是較為大眾所熟悉的；如「活動企劃」、「廣告企劃」、「唱片企劃」、「圖書出版企劃」、「公關企劃」、「展覽企劃」、「商品促銷企劃」、「發行企劃」……等等。老實說，如果把企劃人員當做是販賣idea的人，那麼幾乎每個行業都可能產生一個企劃人員，重點是這些企劃人員的才華應該被擺到那裏？

舉個簡單的例子來說，看看那些為了拉攏生意，而不惜亮出令人「驚恐萬分」標語的賣衣服小販，他們有時會寫出如「跳樓大拍賣」，或是「賤價出售，最後一天，把握機會」的聳動言語來達到銷售目的，這些攤販想出來的點子，最終的目的是什麼？當然是要消費者從口袋裏掏出錢來，購買他們的商品，說的正式或專業一點，就是「促銷」，說的俗氣一點，就是

「賺錢」。百貨公司的折扣活動，也是一樣的道理，只不過同樣是為促銷，他們標榜的言語，活動，甚至產品本身的質感都比較高，如果你是屬於名牌奴隸那一類型的消費行動者，促銷活動一上場，也許你就會因為促銷活動的折扣而不能自拔的掉進他們的優惠陷阱裏。一樣的促銷活動，一樣的目的，為什麼給消費者的感受卻不一樣呢？差別就在於企劃活動的精緻跟細膩度。

所以，越是專業的企劃，他們在規劃或提出案子時，思考的角度也越廣，不管是站在業者本身，或消費者的立場上，「專業企劃」扮演的是橋樑，他們必須搭起消費者對業者的信賴，讓業者賺錢，又讓消費者花得安心。因此，企劃提案越專業越容易有機會受青睞、被採用，更容易博得僱主的信任。專業企劃人才在整合行銷的市場學裏備受重視，甚至有許多大公司求才若渴，到處挖掘專業的企劃人才。

## 第三節「專業企劃」出走辦公室

企劃人員可以存在任何的工作領域，但是受重用的程度卻大不相同。在傳統的經營模式裏，不管是國內的大小企業公司、外商公司、傳播媒體、資訊業等，甚至於百貨業者都可能成立一個企劃部門，由企劃人員規劃或者開發公司的所有業務與活動，其中包括產品經營、人員訓練、企業形象、市場開發、未來經營方向、跨業合作…等大小不一的專案或計畫。但不是每個公司都有能力負擔一個企劃部門，就算是公司自己本身的企劃部門也不見得每一件企劃案都很成功；當公司預算縮減、人員編制縮小，以及其他不可預料的因素發生時(例如市場不景氣、公司被倒帳、營運情況調降)，在這種非得已的情況之下，企業或公司行號也許會漸漸產生委託外製單位來代為執行，或企劃統籌其公司業務發展的考量。就公司立場來看，如果委任「外製單位」比養著一個「企劃部門」省錢，而且能夠徹底執行所委任的業務時，最後的結果可能結束掉「企劃部門」，改採與「外製單位」配合，這就造就了企劃SOHO族嶄露頭角的新契機。

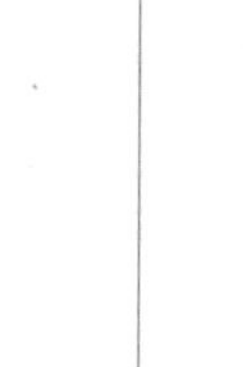

在科技與資訊發展迅速的高度文明社會裏，經營模式不斷在改變，其中最大的改變應該是「專業」的分工越來越趨於精密，因此，專業人才的需求也會跟著提升。尤其在「已開發」和「開發中」的國家裏，服務型態的經濟發展蓬勃，為社會發展的主要命脈之一，例如保險業、百貨業、傳播業、娛樂業、旅遊業、資訊業……等等，這些行業與人的互動不僅緊密，而且越形重要，如何與人保持互動，企劃人員其實有著穿針引線的作用在裏面。服務型態的經濟發展是「享受服務」與「提供服務」，因為科技發展帶來的便利(如傳真機、電子郵件、手機、Call機)，使提供服務與專業技術的企劃人員可以不用受限於場地、時間、地點與人力來達成自己與客户或廠商合作的可能性，對於企劃SOHO族來說，最大的好處應該是可以在任何時刻提供自己本身的專業技術，憑腦力與實力創造「錢」途。

## 第四節 企劃SOHO族揮灑的天空在哪裡？

企劃SOHO族雖然存在不同的工作領域，但是依據工作屬性的差異，有些行業還是比較受到企劃SOHO族歡迎；這些行業也許是工作性質較為活潑、挑戰性高、資金運用靈活，或是與人互動、交流機會較多、發展空間大、創意或想法容易受到肯定，甚至成功機率高；所以，造成專業SOHO族陸續投入，人多雖然競爭大，但相對的，表示發展空間也高。以下是企劃SOHO族就目前發展局勢，比較有發展空間的工作範圍以及條件：

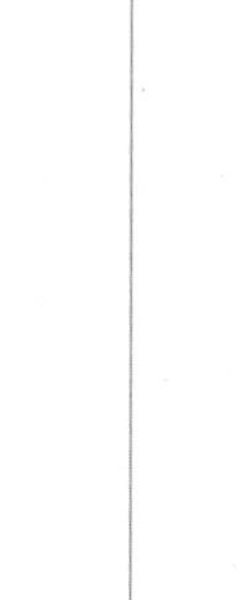

### ※第一類型〈活動企劃〉

「活動企劃」就是舉凡辦活動的時候，需要介入活動整體規劃的專業企劃。不要以為辦活動只是一件輕鬆的事情，事實上，很多活動是嚴肅並且含推廣深意在內的。例如前些時候，政府為加入WTO，而因應修改整個「著作權法」法案，修改後的規章必須去推動，讓大家了解，實行起來才不至於困難重重。內政部把這個案子交由國內一家公關公司下去執行推動，他們的合作方式是兩方簽了一年合約，在這一年內公關公司必須提出整個企劃推動方案，如何有效的推廣新的「著作權法」，當他們提出的企劃案獲得內政部的認可時，即可著手進行，企劃案執行到最後階段就是讓相關行業了解「著作權法」的作用跟法律效益，使他們在短期內有效的獲得「著作權法」的資訊，當合約結束後，內政部會驗收整個活動的成果。

## ※第二類型〈廣告企劃〉

到底廣告企劃都在做些什麼呢？他們在幫客户尋求產品在市場露臉的機會，使商品受到注意，使銷售數量提升，創造公司的形象，推動公益活動，引導流行，凡是跟「販賣」扯得上關係的，就跟廣告企劃脫離不了干係；不管是販賣商品或想法，都需要先著手進行企劃提案，再來尋求執行的可能性。我們在媒體上每天可以看到的廣告，不管是電視、電台、平面(包括報紙、雜誌、廣告DM、傳單)，甚至近年才開始受到注意的小眾媒體——網際網路，都有廣告企劃人員的創意跟想法，他們在廣告案的執行上是要角之一。

※第三類型〈唱片企劃〉

唱片企劃在某些程度上跟廣告企劃很類似，只不過唱片企劃推動的商品很明確，如果不是「藝人」就是「音樂產品」。唱片公司在推出藝人和音樂專輯時，基本上會將「製作」音樂、「企劃」藝人、宣傳「專輯」分開進行。早年的唱片企劃人員，職務的設定多數放在包裝藝人上，例如取藝名、設計造型、製作ＭＴＶ腳本、定裝、有時也牽涉到活動的規劃，甚至廣告的做法上。如今的唱片企劃人員更上一層樓，為了歌手、藝人的整體造型，他們也會漸漸參與音樂製作的方向，包括幫歌手選擇過濾適合他們演唱的歌曲，以及負責唱片市場的行銷，所以，唱片企劃人員在本身的工作領域上有逐漸擴張的趨勢。

※第四類型〈圖書出版企劃〉

讀書的習慣多數是後天養成的，那麼圖書的內容跟編輯的影響就無遠弗屆了。所以說「圖書出版企劃」對於圖書內容的規劃很重要，他們必須了解市場、懂得流行趨勢、體貼讀者的心、站在讀者的角度來看，知道什麼樣年紀的人喜歡看什麼書，從事什麼職業的人會讀什

麼樣的書，社會上又需要什麼樣的知識能源補充，這些都在出版企劃人員的職務範疇內；除此之外，他們也必須懂得開發新的市場，如十幾年前的漫畫市場就在出版界的大力推動之下，國內的漫畫迷迅速成長，不僅深入兒童、青少年市場，更打入成人世界。在國內出版界，最具圖書行銷經驗及膽識的企劃專才首推詹宏志先生，他的出版行銷創意廣受業界推崇。

## ※第五類型〈展覽企劃〉

大公司在舉辦活動或大型展覽會時，通常都需要展覽企劃把整個展覽會場的進行做一個計畫表，使展覽會的進行更加組織化，以防出岔，所以，展覽企劃事前的準備功夫必須樣樣俱全。展覽會一旦確定，就必須開始聯絡場地、觀察地理環境、打聽租金行情、了解各部門的需求及商品的屬性、確定交通問題、DM和傳單的印製、以及宣傳造勢等，這些瑣碎雜事，全都在展覽企劃的規劃當中。國內著手舉辦大型國際展覽會的次數有逐年增加的趨勢，次數越多，同時也為這個專業領域的企劃人員創造更多的機會與生存空間。

## ※第六類型〈商品行銷企劃〉

國內的行銷手法最近幾年產生很大變化，從前「公共傳播」多數操縱在幾家大眾傳媒上，例如發行量最大的報紙(中國時報、聯合報)，或有線電視頻道(台視、中視、華視)但是曾幾何時，隨著國內大眾傳播的競爭與開放，商品也可以透過不同的通路(distribution channel)做宣傳或銷售，所以，銷售通路在變，經營之道也得跟著改變，商品行銷企劃在這個領域上的表現方式勢必也得跟著改變。行銷企劃在推動產品時多少跟廣告脫離不了關係，不過廣告也許掌握了媒體，行銷可不一定，因此行銷企劃在進行銷售提案時，必須盡可能使用不同的通路，行銷企劃要管的範圍從商品的開發、定位到銷售通路、銷售方式、銷售對象、價格的決定以及日後市場的開發都需要規劃與參與，並且詳盡的定出計畫表，所以，行銷企劃在這裏扮演的是一個「統合」的角色，而且是貫穿性的，從頭到尾都少不了他們。

下面我們來解讀上述專業企劃人的「基本條件」與「加分條件」是什麼？

## 條件表

| 企劃類別 | 基本條件 | 加分條件 |
|---|---|---|
| 活動企劃 | 組織能力強<br>辦活動經驗豐富<br>個性活潑外向<br>與人互動的關係良好<br>吸收力強 | 見識廣闊<br>樂於開發新的領域 |
| 廣告企劃 | 有創意／接受流行風<br>個性穩重、外向<br>懂得製作流程<br>企劃腳本<br>流行資訊豐富<br>敢於表現 | 經常充電，加強本身的知識<br>勇於堅持，表達自己的看法<br>擅於與人溝通<br>眼光精確 |

| | | |
|---|---|---|
| 唱片企劃 | 音樂敏感度高<br>樂於接受不同的音樂型態<br>有創意／接受流行風<br>眼光獨到／包裝歌手<br>流行資訊豐富<br>企劃音樂專輯與內容<br>懂得基本的音樂製作 | 擅於溝通<br>掌握藝人心理<br>企劃活動<br>人脈很優 |
| 圖書出版企劃 | 企劃編輯概念清楚<br>懂得創造市場<br>掌握作者心理<br>喜歡閱讀<br>樂於接受不同的資訊 | 懂得第二外國語言<br>喜歡了解國際動態<br>圖書市場分類清楚<br>懂得行銷 |
| 展覽企劃 | 組織能力強 | 懂得第二外國語言 |

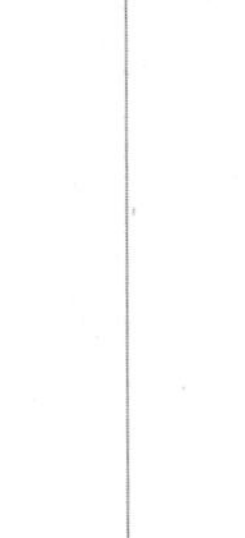

| | | |
|---|---|---|
| | 擅於觀察環境<br>分析能力強<br>與人的互動關係良好<br>擅於辨識產品 | 吸收國際訊息快速 |
| 商品行銷企劃 | 懂得分析產品特性<br>了解市場，敏銳度高<br>擅於與人溝通<br>人脈／人際關係良好<br>掌握行銷通路<br>資訊豐富<br>具有開發能力 | 懂得第二外國語言<br>吸收國際訊息快速<br>敢於嘗試新產品 |

## 第五節 企劃SOHO族工作範圍的延伸

上述曾經提及，由於社會發展變化迅速，行業的變遷也變化多端，在轉換或轉變當中，很多新興行業也就跟著誕生，其中以服務業的發展最為蓬勃；早年的經營模式，講究單一發展，例如王永慶的「台塑王國」，就很明確的經營他們熟悉的本業；但是，當產業轉向多元化經營時，「利潤」不見得會隨著「改變」而提升，但由於社會在變，逼得自己勢必也得跟著改變。如今，企業家，實業家，生意人追求的是「跨業結盟」，不僅要在本業上站穩腳步，更把地盤或觸角伸入本業之外，隨著經營模式的改變，可以預期的是市場變化將為更多有實力的人帶來更多機會，企劃族就是在這些機會裏尋求立足點的新興行業。

由於目前最熱門的「新資訊經濟」為企劃SOHO族帶來更多的便利與好處，如選擇行業的多樣性，跨業經濟整合造就工作機會，體制結構改變使個人發展不再拘泥於本科，向外發展的機會不斷提升；這些改變使得沒有依附在公司體制下的自由工作者也可以在規劃事業上找到自己的天空。到底有那些行業企劃SOHO族目前正在逐步侵入呢？

| 工作分類 | 工作舞台 | 工作內容分析 |
| --- | --- | --- |
| 節目規劃 | 傳播業(電台／電視台) | 由於第四台的開放，國內的電視節目已經到了百家爭鳴的階段，電視台無不絞盡腦汁，想盡辦法提高收視率，許多節目其實都交由外製單位負責(企劃ＳＯＨＯ族)，而企劃節目內容，不管是針對時勢、潮流、社會話題，外製單位會幫這些電視台規劃特殊／特定的節目，如目前正在流行的談話性質節目，節目性質有時會跟電視台的政策走，類似的情形也同樣發生在電台。 |

| | | |
|---|---|---|
| 員工在職訓練 | 各大企業公司 | 不管是上班族或SOHO族都需要經常Up date自己，但是在大公司任職的員工，公司為了安撫人心或留住人才，會不定期的安排員工上專門課程，有些公司設有專人或部門做課程規劃，有些公司則交由外面的單位負責(企劃SOHO族)。 |
| 促銷活動 | 百貨公司、傳銷業界、企業界、國外品牌代理經銷商…… | 國內各大廠家、百貨業或其他類似行業，都會針對特殊節慶如過年、周年慶，以及新產品介紹，甚至針對滯銷品而規劃促銷活動，所以，活動內容的設計顯得格外重要。有些廠家是交由大的廣告公司或其他傳播媒體來執行(如ICRT電台為統領百貨公司做1998年周年慶活動)，有些則交由特定的工作單位，如個人工作室(有氧團隊有限公司，這是由幾位資深的企劃宣傳組成的工作室，他們的專長就是為國內的唱片公司企劃歌手發片時的宣傳活動)，就算是交給廣 |

| | | |
|---|---|---|
| | | 告公司或是其他傳播媒體，他們都有可能再尋求特定的專業人才(企劃SOHO族)合作。 |
| 旅遊計畫 | 旅遊業者 | 國內旅遊業近年特別興盛，各大旅行社都想盡辦法招攬生意，因此各項冠冕堂皇的旅遊名稱也跟著出籠，如「星座旅遊」、「學生遊學」、「賭城過耶誕節」、「青年自助旅遊」、「荷蘭鬱金香之旅」……，多數的旅遊套餐都是搭配好的，尤其到了旅遊旺季，促銷活動就更來勁了。有些活動是旅遊業者本身做促銷，有些則結合其他行業聯合舉辦，不管活動是如何進行的，總是有專人事先企劃提案，再確定執行的可能性，這也是企劃SOHO族滲入的機會。 |
| 網路行銷、網站設計 | 資訊業者、網站擁有者 | 資訊的普及正隨著科技的進步呈現大幅度的成長，自從網際網路成為現行的潮流之後，有些新興行業也跟著誕生，如網路企劃人員或網站設計者。許多有遠見的經營者其實 |

也把新希望寄託在網路的發展上。網路有可能發展成為未來的強勢媒體之一，但是需要多長的時間來建立，沒有人知道？不過，開路者如果走對方向總是有一些甜頭可以品嚐，所以，網路行銷（在網站裏做生意，可能是販賣想法或販賣產品）也漸漸跟著流行。以資訊工業先鋒者美國為例，他們在網路上的行銷政策已經開始走向制度化，而且以販賣圖書、音樂的產品最為流行，這些網路經營規劃都有專業人員在執行；根據去年的一份報告指出，美國這一、二年在網路上的廣告金額，已達上億美金（數字滿嚇人的），未來的發展更令人期待。由於網站的整個制度尚未健全，因此有部份的作業都是交由業餘的專業人才（企劃SOHO族）來執行，不過由這一點也可以看出，未來網站對於專業人員的需求只會逐漸增加，並且分工得更精密。

## 第六節 你想要成爲企劃SOHO族的企圖心有多大？

從上面的分析敘述裏，可以看出成為一名專業企劃SOHO族是一份令人心喜，但是又不是很輕鬆的工作；如果你有這份野心，可以提早做準備，幫助自己走進這一行。你的企圖心到底有多大？你的條件適不適合？下面這一份自我評估表，可幫助你了解自己適合在那一個「工作舞台」活動。如果你的答案過半為「不喜歡」，那麼企劃SOHO族這份「美差」實在不適合你。如果你的答案一半為「尚可」，即表示你需要更確切的了解自己的方向。如果你的答案多數為「喜歡」，恭喜你哦，你非常適合跳進企劃SOHO族的工作空間來發展，甚至可以同時自在的穿越在不同的工作領域上。(此評估表是為個人興趣之性向測驗，不以計分方式來評估。)

## 自我評估表

| 工作舞台 | 工作類別 | 工作內容 | 自我評估 |
| --- | --- | --- | --- |
| 傳播業 | 廣告企劃 | 撰寫和執行廣告內容、廣告腳本以及創意行銷等企劃案…. | □喜歡□尚可□不喜歡 |
| | 唱片企劃 | 有能力創造執行歌手形象、藝人包裝、和撰寫活動專案，及配合製作人的專輯創意 | □喜歡□尚可□不喜歡 |
| | 節目企劃(電視台) | 能夠針對電視台的政策，企劃製作符合潮流，以及具有時效性，和創造收視率的節目… | □喜歡□尚可□不喜歡 |
| | 節目企劃(電台) | 針對電台的政策企劃製作符合潮流，具有娛樂、知性，和引起聽眾注意的節目…. | □喜歡□尚可□不喜歡 |

| | | | |
|---|---|---|---|
| | 活動企劃（報紙或其他平面媒體） | 能企劃製作針對產品和社會動態，甚至為報社或雜誌社的需求而開發各式各樣的活動專案或提案… | □喜歡□尚可□不喜歡 |
| 企業界（包括大小公司） | 產品企劃 | 為公司開發市場把關，撰寫企劃及執行各種新產品專案，產品來源包含國內和國外… | □喜歡□尚可□不喜歡 |
| | 活動企劃 | 能夠撰寫或提出針對公司內部調整的企劃專案，包括員工活動或員工訓練… | □喜歡□尚可□不喜歡 |
| | 行銷企劃 | 針對公司產品的特性能夠撰寫和執行，或開發不同的市場通路的企劃案，以便推動產品和提升銷售成績… | □喜歡□尚可□不喜歡 |

| | | | |
|---|---|---|---|
| 百貨業界 | 專案企劃 | 能夠撰寫針對某一特定計畫的企劃專案，包括產品銷售，公司未來經營方向，或是與不同行業的整合、結盟…… | □喜歡□尚可□不喜歡 |
| | 行銷企劃 | 能夠撰寫針對整個公司產品的行銷，尤其針對銷售通路的開發所企劃的方案…… | □喜歡□尚可□不喜歡 |
| | 活動企劃 | 能夠撰寫執行公司內部與外部的企劃專案，內部包括如員工活動、員工訓練。外部則為提升產品銷量的拍賣活動，週年慶祝活動，或節日慶祝活動…… | □喜歡□尚可□不喜歡 |

| | | | |
|---|---|---|---|
| | 專案企劃 | 能夠撰寫和執行百貨公司特定專案的企劃提案，包括特定產品的銷售方式，新產品或品牌的上市計畫，公司下一年度的發展，以及跨業聯盟等…… | □喜歡□尚可□不喜歡 |
| 網路(INTERNET) | 網站規劃企劃 | 能夠規劃和執行新網站架構建立的企劃案，使網站發揮特性，吸引上網者，包括網站活動，網站維護及形象開發等…… | □喜歡□尚可□不喜歡 |
| | 網路行銷企劃 | 能夠撰寫和執行針對網路產品的行銷企劃提案，包括銷售產品和網站，使其創造利益… | □喜歡□尚可□不喜歡 |

當你了解企劃SOHO族的工作發展領域之後，接下來再利用下列的自我評估表，針對上述所提出的工作範疇，來檢視自己的能力，使你更清楚自己的能力到底適合在那一個工作舞台發展。在「專業」那一欄，「基本加分條件」之詳細內容，請參閱前面第四節的「條件表」。如果你的答案在「專業」和「個性」欄裏的每一項要件都是「俱備」，恭喜你，你絕對是一名能力很強的企劃高手。

如果你在每項企劃工作的自我評估欄裏，「俱備」之答案(包括「專業」和「個性」)平均剛好過半，想要成為一名企劃高手，你需要再加強自己的能力，期待有朝一日你能成功。如果你在每項企劃工作的自我評估欄裏，「俱備」之答案(包括「專業」和「個性」)不超過半數，想要成為一名企劃高手，你非常需要再磨練個幾年，勉勉強強成為企劃SOHO族——很危險。

## 自我評估表

| 企劃類型 | 專業 | 自我評估 | 個性 | 自我評估 |
|---|---|---|---|---|
| 活動企劃 | 基本加分條件 | □俱備□不俱備 | 活潑外向 | □俱備□不俱備 |
| | 樂於吸收新事物的認知 | □俱備□不俱備 | 工作熱情高昂 | □俱備□不俱備 |
| | | | 不怕麻煩 | □俱備□不俱備 |
| | | | 有耐性 | □俱備□不俱備 |
| | | | 善於溝通 | □俱備□不俱備 |
| 廣告企劃 | 基本／附加條件 | □俱備□不俱備 | 活潑外向 | □俱備□不俱備 |
| | 能針對不同客户，產品提出不同對策 | □俱備□不俱備 | 細心，有耐心 | □俱備□不俱備 |

| | | | | |
|---|---|---|---|---|
| | 對不同的專業領域都能略加應用 | □俱備□不俱備 | 保持高度工作熱誠 | □俱備□不俱備 |
| | | | 善於溝通 | □俱備□不俱備 |
| 唱片企劃 | 基本／附加條件 | □俱備□不俱備 | 活潑外向 | □俱備□不俱備 |
| | 懂得掌握市場動態 | □俱備□不俱備 | 有耐心 | □俱備□不俱備 |
| | 對傳播媒體的應用能進能退 | □俱備□不俱備 | 善於溝通 | □俱備□不俱備 |
| | | | 經得起失敗打擊 | □俱備□不俱備 |
| | | | 體恤藝人（遇到難纏的藝人只能自認倒楣）或了解消費者 | □俱備□不俱備 |
| | | | 能屈能伸 | □俱備□不俱備 |

| | | | | |
|---|---|---|---|---|
| 圖書出版企劃 | 基本／附加條件 | □具備□不具備 | 善於溝通 | □具備□不具備 |
| | 熟悉編輯流程 | □具備□不具備 | 細心加耐心 | □具備□不具備 |
| | 了解市場動態 | □具備□不具備 | 體貼作家(遇到難纏的作家只能自認倒楣) | □具備□不具備 |
| 展覽企劃 | 基本／附加條件 | □具備□不具備 | 活潑外向 | □具備□不具備 |
| | 與客戶關係良好 | □具備□不具備 | 有耐心 | □具備□不具備 |
| | 基本／附加條件 | □具備□不具備 | 吃苦耐勞 | □具備□不具備 |
| | 喜歡向不同的知識領域挑戰 | □具備□不具備 | 善於溝通 | □具備□不具備 |
| 商品行銷企劃 | 基本／附加條件 | □具備□不具備 | 吃苦耐勞 | □具備□不具備 |
| | 懂得尊重客戶開發的產品，無論自己認不認同 | □具備□不具備 | 善於溝通 | □具備□不具備 |

| | |
|---|---|
| | |
| | □俱備□不俱備 |
| 對產品能拋開個人成見 | □俱備□不俱備 |

相信每個人多少都會對自己的事業前途做規劃，要走進企劃SOHO族的方式有很多種，也有很多人在做與不做的邊緣猶豫不決，能做僅是一個開始，但是能不能堅持的走下去才是最重要的；利用個人的專業條件走出制式的辦公室工作前景，已經漸漸成為專業企劃SOHO族追求的方向或目標，如果你有興趣成為一名專業企劃SOHO族，從了解行業本身的特性開始，累積實力要靠時間，良機卻是曇花一現，把握機會，想做就趕快行動，越早走進市場，對自己幫助越大。

# 第二章

# 走進企劃SOHO族的戰場實地勘察

過來人的寶貴經驗很重要，如果你有計畫想成為一名企劃SOHO族，就先來聽聽三位企劃SOHO族在自由光鮮的面貌下，不為人知的「甘苦經」和「戰場經驗」。

## 第一節 唱片／出版企劃SOHO族——宋天豪

〈最高機密—個人檔案〉

姓　　名：宋天豪

職　　業：自由專業企劃＆量聲出版社負責人

自由工作資歷：四年

代表作品：企劃「偶然與追尋」演唱／演奏專輯(與大師李泰祥共同製作)

　　　　　企劃「驛站」鳳飛飛當代文人演唱專輯

企劃宣傳任達華「完全告白」寫真集

自我推動格言：「行動就是力量，實踐就是power」

# 一、成為SOHO族的第一步

## 要有懷疑，才有行動

「有計畫的冒險，支持自己走下去」，這是宋天豪在走進SOHO族的行列時，對自己生活信念的堅持與期許。當年，在他快接近「而立之年」時，選擇從安穩的「銀行工作」跳槽到不安定的「大眾傳播業」時，他猶豫害怕過，也曾迷惑的問自己「這樣做對嗎？」因為銀行職員是鐵飯碗，年終獎金有時最高可以領到十二個月，並且這份工作他也做了快七年，七年來他早已經習慣安穩舒適的生活，日子雖然一成不變，但溫飽總是沒有問題。不過進入大眾傳播業是他的夢想，他喜歡傳播業「瞬息萬變」的挑戰性，而且他自認為年紀還算輕，就算跌倒，還是有機會可以站起來，因為對生活的懷疑，使他決定放棄銀行職員這份工作，一頭栽進傳播業。當信念確定後，他毅然決然的辭去工作，一腳踩進唱片這個帶著流行、刺激與夢想的新世界。剛開始面對這個環境，他充滿焦慮與不安，因為他不確定自己的能力到底能走多遠，做得多好。不過，他也沒有花太多心思在想這些問題，因為忙碌的工作、全心的投入，立刻佔去他多數的時間，他只是在心底悄悄安慰自己，萬一真的做不好，也只能考慮再轉行，但是最起碼他試過了，也努力過了。

## 努力賺錢／努力存錢

雖然他一開始轉進傳播業時，並沒有馬上成為SOHO族，不過他在下班之餘開始嘗試創作，這段時間的訓練，其實也為他爾後的SOHO族生涯奠下基礎。創作是他想走的路，除了創作，他也開始為唱片公司企劃新片。在他看來，想從事創作的人是沒有辦法永遠被綁在一個「循規蹈矩」的模式下工作，走上SOHO族這條路是早晚的事，為了日後的經濟打算，他努力尋求每個「賺錢」的機會，努力「存錢」。所以，一般人認為收入的不穩定會為SOHO族自在的生活帶來不安與恐懼，他倒不認為，靠著上一個工作的「積蓄」，他可以不用為生活憂慮，他認為真正使他不安的是「跨業轉行」的適應期，他害怕做得不好，害怕被淘汰。

## 邊走邊看／靜待機會

在唱片業待過一段時間，他的SOHO族夢想越來越清楚，因為流行的創作與「思想，理想，生活」有絕對關連，當自己的創作理念不能真正落實，有機會可以執行時，他會採取選擇跟自己想法搭調的案子進行，在漸漸摸索前進的過程當中，他也面臨瓶頸，面臨抉擇，在最後真正成立個人工作室，正式成為一名SOHO族時，其實心態上已經做了幾番調整了。為照顧當時躺在病榻上的父親，他立即辭掉唱片公司正常上下班的工作，幸運的是當時他在唱片界已經闖出一些成績，所以私下找他「企劃專輯」或「寫歌詞」的唱片公司或製作人還滿多的，既然如此，他便在「東區」忠孝東路附近找了一間大小適中的辦公室，就在這樣的因緣際會下，他的「個人工作室」便正式開張了。

## 二、企劃SOHO族會面對的掙扎

### SOHO族的各項選擇

明明知道「東區」地段昂貴，但是他還是把辦公室的地點鎖定在那裡，最主要的原因就是因為它的「地利跟交通」之便。他認為現代人的「時間」就是「金錢」，多花一點錢在房租上，但是省了時間，結果可能「更划算」。安頓好辦公室之後，他便把全副心思放在工作上。宋天豪說，「他很幸運」（其實是因為他擁有實力跟人脈），因為工作室接到的第一個案子便是大case——企劃歌林唱片公司旗下歌手林慧萍的專輯，也是因為這件企劃案幫他打了強心劑，宋天豪認為自己的SOHO生涯應該很可為的，憑著直覺，他努力以赴。一開始接案子，並不以數量為考量，宋天豪的原則是有「感覺」的案子才做，沒有任何 idea 的企劃案他不碰，也就是做自己有把握的，主要是怕做出來的結果令自己不滿意。他給SOHO族的建議是：「剛開始做事業，品質一定要控制好，事關日後發展的信用」。

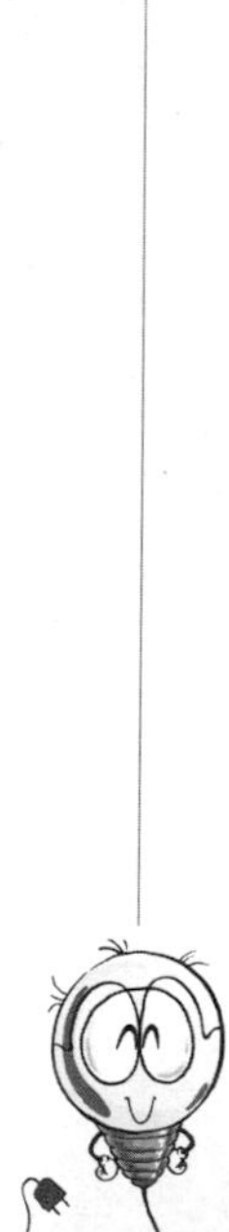

## 把握方向，堅持原則

做了林慧萍的企劃案後，他的事業開始平步青雲的發展，接下來他又負責甄妮唱片的企劃執行。儘管大陸市場一直被國際公司盯得緊緊的，但是宋天豪卻認為台灣的唱片市場有些「特質」是大陸可能做不出來，也無法取代的，他尤其推崇早期的流行歌手，在他眼裏這些人已經不光是流行歌手，還是成為非常具有代表性的「流行文化」一部份，因為他們的歌聲都曾在當年的歌壇留下令人震撼、美麗的一頁，這些人以歐陽菲菲、鄧麗君、鳳飛飛、甄妮等最令他激賞。他希望有機會能跟他心目中的超級巨星合作，他已經達到跟甄妮合作的機緣，幸運的他後來又有機會跟鳳飛飛合作。

他認為鳳飛飛已經不能用製作一般流行歌手的角度來製作她的專輯，因此他結合台灣本土編曲大師陳揚的曲，又利用鳳飛飛濃厚的本土形象，把「本土文化」做一次完整的結合。當時的唱片公司還不太願意花這種錢做這樣的事情，但是宋天豪認為只有鳳飛飛的眼光、歌聲、形象才能促成這樣的合作機會，於是在他的企劃案裏特別強調「人不親土親」，都是因為出自對這片土地的愛護之情，他才堅持這樣做；也因為這樣的說法，打動鳳飛飛的心，之後，他又連續跟鳳飛飛合作了三張專輯。宋天豪笑著説，「他非常珍惜這樣的緣份跟合作經驗」。雖然在執行企劃案的過程中，「酸甜苦辣」都有，但是他認為要堅持自己的「做事原則」，想辦法「説服客户」、「解決問題」，才能獲得良好的回應。

## 突破瓶頸，開創生機

做過不少歌手的專輯，他漸漸覺得他在唱片業已經面臨「瓶頸」，他想在事業上再做一次「突破」，剛好當時旅遊業正在蓬勃發展，而且他仔細評估過出版業的生態環境，「企劃過程」都跟唱片業很雷同，於是他把唱片業的經驗帶進出版業，做為人生另一次嘗試。宋天豪説，在唱片界，他認為自己如果連歌詞創作都寫不出來時，真的是有必要離開一陣子，再去思考自己接下來要走的路，「原地不動」只會把自己的創造力給扼殺了。於是選擇「離開」，給自己喘口氣，稍做短暫休息，不要因為「錢」的現實問題，把自己當罪犯一樣囚禁在不喜歡的環境裏。所以在跨入出版業前，他做了一趟旅行，一個人跑到巴黎，再透過朋友介紹，找了一位外國攝影師，開始他在巴黎一邊旅行，一邊寫書的生活，宋天豪認為做一名ＳＯＨＯ

族，如果能力許可的話，給自己一段假期很有必要，他覺得「旅遊、工作、休息、充電」都是自己喜歡做的事，所以一點也不嫌累。

## 三、企劃SOHO族如何做好規劃

### 時間的調配

「傳播業」是一個工作時間比較難以掌握的行業，有時一忙起來可能二十四小時都在工作，所以他把「工作室」跟「住處」合而為一，雖然這種做法並不十分理想，但是為了「工作方便」也只好暫時如此；不過，宋天豪略帶著不好意思的神情說，他會儘量把時間切割清楚，「工作即工作，休息是休息」。走進傳播業是他的夢想，他也很努力在經營他的理想，說到「遺憾」也不是沒有，「忙碌」的工作佔去他大部份的時間，所以他跟朋友、家人相聚的機會也相對減少，家人還能利用節慶團聚，如過年或中秋節，但是工作以外的朋友，如果要相聚也只能靠運氣了，這對他來說真是一種「缺憾」，希望在日後工作量減少時，他能把這缺憾給補償了。

## 如何開拓人脈

「主動關心人」，是他跟人「保持互動」最重要的方式之一。他喜歡把「客户」當「朋友」來看待，他的做法是「每隔一段時間就打通電話，或約見面，讓對方感受到他的關心」，當朋友開口請他幫忙時，他也會在能力之內盡力給予協助，在他眼裏這是「人脈拓展與維持」的基本原則。他強調，「當然最重要的是了解合作對象的需求，當自己對企劃案越了解，越不會走錯方向，也不會導致日後因溝通不良而產生的困擾或誤會」，了解對方的需求，才能清楚自己能提供什麼樣的服務，這是相互信任與良好溝通的開始。

## 如何與客户維持良好關係

宋天豪嚴肅的說，他希望合作都能夠維持長久；但是，這不是人為所能控制，合作過程

中產生的摩擦，或導致不愉快的經歷他都體驗過，因此他提企劃案時常常是採「階段性」的談法。什麼是階段性的談法？他解釋，當合作雙方對進行中的每個階段的想法及重點都清楚後，再接下去繼續談下一個階段的做法，好處是「遇到困擾」也可以「及時提出，共同解決」。在費用方面也是以「階段性」的方法「分梯次」收取，他認為這樣的做法比較合常理，可以儘量避免糾紛，財務上清清楚楚，他有保障，客戶也放心。

萬一真的不幸遇上法律糾葛時，最好不要遲疑，委託律師儘快解決。律師能夠找自己熟悉的人是最理想，萬一打開電話本，找不出一人時，那麼最好請朋友介紹，以熟悉這方面業務的律師為優先考慮。法律糾葛很麻煩，也會影響自己的信譽，就算解決了也會「賠上時間及金錢」，杜絕的辦法是在合作前之前把企劃案的內容講清楚，合則已，不合則另謀對象，起碼「良好關係」還可以維持，不致受創。

## 四、企劃族最終的依歸

### 正式升格做老闆

宋天豪説，轉進出版業他的步調當然有些「更動」，確切的説是他已經從「單純的ＳＯＨＯ族」正式升格成為「出版社負責人」。雖然他仍是一個人扛起多數的工作，但是「責任感」更加沉重。旅遊是他最愛的一件事，出版旅遊書對他自己來説也是一個「機會」，他可以趁機四處遊山玩水，在玩樂的過程中體會生活，也順便規劃他未來的方向，為了這個目標，他現在日以繼夜不停的工作，也不喊累，因為按照計畫，如果一切進行順利，那麼在未來的「三、四」年後，他便可以在不愁經濟來源的情況下，繞著地球，跑遍天下，時間不是問題，最主要的是做自己想做的事。

## 過來人的建議

做一名SOHO族，他／她的眼光，格局都不能太小。現在能做什麼？以後能做什麼？都必須深思熟慮；不過，想永遠只是想，能實際去做才可能圓夢。宋天豪說，每次接到一份新工作，他喜歡把它視為全新的經驗來經營，遇到自己想做的case，他也會積極爭取，正如前面所說過的，「行動就是力量，實踐就是power」，想做就做，SOHO族不一定過得輕鬆，但是凡事「輕鬆面對，壓力不要過大，信心不要失去，夢想就在自己手裏」。

## 第二節　活動企劃SOHO族——游振昌

〈最高機密—個人檔案〉

姓　　名：游振昌

職　　業：自由專業企劃、產品開發者、教育訓練人員

自由工作資歷：三年多了

重要作品：總統大選

尖端發表會

與胡志強同台愛心義演

最得意的作品：企劃總統大選(台灣史上第一件，雖說不一定絕後，但絕對是空前！)

自我推動格言：努力做吧！不要問太多原因。

# 一、成為SOHO族的第一步

## 細說從頭

游振昌劈頭第一句話就道出了SOHO族的感慨，「真不划算啊！做了SOHO族，共胖了二十幾公斤」，雖然說時帶著一點玩笑意味，但聽起來還真是無奈。不過可別以為他對SOHO族的生涯感到心灰意冷，相反的，他對自己的「前途與錢途」可是充滿期待。說起SOHO族，他的苦水少不了，但是說起他的經歷，還真顯赫，不但跟尖端資訊科技微軟公司(Microsoft)交過手，還跟總統有關係，說到這些成績還得細說從頭。

## 如何走進SOHO族這一行

原來最早他是在「中國生產力中心」從事教育訓練，這個工作做了一年多，有趣是很有趣，但是總是感覺少了一點什麼；他在「中國生產力中心」所累積的經驗與人脈使他開始對外面的世界起了「強烈的好奇心」，剛好這時陸陸續續有外來單位丟一些企劃案給他，交由他執行，藉著年輕氣盛的心態，游振昌心裡想「原來外快這麼好賺」，在企圖心旺盛的的驅使下，他終於辭掉「中國生產力中心」朝九晚五的固定工作，開始他的SOHO族冒險生活。

## 二、成為SOHO族的事前準備工作

### 客户來源的累積

早在學生時代，游振昌就跟「微軟」有了最初的接觸；當時電子資訊業在台灣正在朝「蓬勃發展」的局面前進，「資訊人才」需求量特別多，由於游振昌曾接過微軟的case，工作勤奮，信譽佳，於是輕易的便獲得微軟公司產品部主管的賞識；當他畢業後，這份情誼還持續維持下來，也正因為如此，他還是陸續接到他們公司一些小案子做。游振昌充滿自信的

說，他「心思靈巧」以及「用心投入」的工作態度，使他的「業績」「評價」都在水平之上，跟微軟公司的初步合作，不僅「贏得口碑」，也贏得更多的「工作機會」，跟他們的關係也就一路走下來，保持得很愉快，雖然不是微軟「專屬」的「策劃專業人才」，但是只要是微軟的活動，尤其是新產品的尖端發表會，他幾乎都有參與跟介入。

撇開微軟的長期合作關係不說，他又怎麼跟「總統」搭上線呢？原來第一屆總統大選「活動企劃」便是由他一手策畫的，這樣的經驗能帶給他多大的滿足與成就感呢？光是聽他自己說就曉得，游振昌眼裏帶著笑，忍不住的說「對啊！我就是企劃總統大選啊，雖然以後還是有別人做，但是我是台灣史上第一位，因為這是第一屆總統大選。」在企劃的過程當中，「壓力」很大，而且「又累又辛苦」，不過，當案子完成以後，心中最大的安慰卻不知如何拿話形容，回想起這樣的經驗及戰績，簡直是人生最寶貴的財富之一。雖然爾後的選舉期間還是有重量級的候選人委託他企劃活動，但是他卻不敢再輕易嘗試，最主要的原因是「大型活動」需要「人力」，他怕自己負荷不了，而且壓力太大，他也怕承受不起。

## 儘量爭取業績成長

雖然接case不能光憑興趣，但是總要在自己能夠負擔的情形下再做，不要因為想拚命「賺錢」，接了一堆自己沒有辦法消化的case，最後才發現損失的是自己，游振昌說。對於自己會走上SOHO族一途，他感覺是自己「心態上的轉變」。他打比方說，「當自己拿人家薪水時，不管case大小，利益多寡，總是要做，而且要做好，才不會丟飯碗，人就怕現實社會無情的打擊，萬一上司對成果不滿意，或者自己對環境感到不快樂的情形下，都會影響做事情的情緒，情緒一旦不穩定會導致什麼結果也很難說」，當工作機緣來臨時，他毅然決定辭去薪水穩定的上班族生活，轉戰不同職場。

由於沒有「事前的準備與規劃」，他貿貿然的投入，也曾引來一肚子的「徬徨、不安」。但是他說，他早就打好算盤，三個月內沒有辦法賺到生活費，支持自己原來的生活，就要重回上班族行列。雖然在毫無準備的情況下辭退工作，尋找自己的理想與自由，但是手邊到底還是有一點點「積蓄」，才能支持自己拿三個月的時間去搏搏看。游振昌的良心建議，「如果手邊沒有任何存款，眼前的生活已經過不下去了，那麼最好好自為之，想都不要想」。

## 三、SOHO族會面對的壓力

### 沒有收入的壓力

剛剛開始展開SOHO族的生活時，最大的壓力是煩惱「沒有收入」，幸運的他靠著與微軟的良好關係，很快的便由微軟手裏接到case做。他說，從上班族到SOHO族，心裡最大的改變是心態的轉換。首先想到的是case完成後，「利益獨享」，工作起來特別賣力(當然以前在部門時也很賣力)，只要想到客户是自己的主要利益來源，再辛苦都得咬緊牙根做，而且學會「shut up」，不會「任意抱怨」。再者，心理的「永不滿足」也不同於以往；當上班族的「永不滿足」是薪水似乎永遠沒有辦法配合需求，但是拿人家薪水，決定權不在自己，雖不滿足也無法即時改善。做了SOHO族後，「永不滿足」成為強烈的「推動力」，因為不滿足，所以在利益跟專業上會不斷「要求自己成長」，這種壓力是正面的刺激，比較不具殺傷力。他笑說，現在他的「生活與工作量」還算穩定，三年多的SOHO生涯，他自覺成長還不夠，面對不斷改變的大環境，他要求自己必須努力去適應，「永不滿足」使他追求成長，同時也激勵自己「努力做吧」，才不會被市場淘汰。

## 人力不足的煩惱

做SOHO族雖然很自由，但偶爾也會遇到一些「挫折」，除了「工作不順」之外，還有「人力的不足」以及「人事的無法控制」也使他頭痛。個人工作者最累的地方是當自己「無法獨自完成」接到的case時，就必須「聯合外來的資源與人力」共同完成。他無奈的說，他曾經碰過這樣一件棘手的案例。話說有一回他承辦一次「發表會」，找來幾位能力不錯的工讀生幫忙，事先大家都已經談好一場發表會的價錢，沒想到第一天的發表會非常成功，其中一位工讀生突然要求把第二場的「費用提高」，否則不願配合，雖然經過努力協調，但沒有成功，他只好幫每個人都加價，因為只提高一個人的費用，若是讓其他的人知道後，那就更難擺平。雖然有點氣這位工讀生的不守信用，但是他寧願花錢把事情做好，因為他沒有企業體的大傘可以撐腰，別人買的是他的「口碑」，所以招牌砸不得。

## 法律能為SOHO族帶來多少保障

幸好這種不愉快的經驗只有這一千零一次。他說，他也曾經考慮用「合約」來束縛；不過話說回來這種「沒有互信」的合約也不會有太大的法律保障，況且他也沒有太多「時間」可以耗，時間對他而言很寶貴，若官司一打三年，五年的話，怎麼辦？游振昌感慨的說，「就算最後贏了，也不過舉雙手歡呼，對事情的實際幫助不大，他寧願花精力去做事情，而不是上法院」。「挫折感」誰都有機會碰到，原則上，他是不太放在心上，只想努力工作，以免擾亂自己的工作行程。

## 時間調配與外力支援

說到「時間」對他來說有多寶貴，可以從下面這個例子看出來。當別人聽到颱風天放假不用上班，都高興的大叫；但是他一聽到，立刻反應，「天啊！多好，又多了一天可以工作」。游振昌自嘲的說，「並不是他有工作狂，而是當他看到滿滿的行程表時，內心的安全感真是不足以對外人道，然而真正使他興奮的原因是他想要實行自己成立公司的夢想也越來越近，因為錢累積的速度愈來愈快」。在他看來，SOHO族最終一定會走上「成立公司」或「開店」的路，而他所有的努力也是期待這一天的來臨。

當case越做越大，大到超過一個人能夠負責的範疇內，一定會想辦法「尋求外援」，或是跟其他領域的專業人士做「跨業結合」，共同share（分攤）案子，當這樣的合作模式日趨成熟時，就可能「整合」彼此的「人力及資源」共同成立一個「組織」，可能是店面或是公司，最後會形成所謂的「共生或利益共享」。從這個合作模式，又可推回到「人脈」的重要性；掌握人脈不僅可以為自己帶來工作機會，甚至於結識不同領域的專業人才，有機會合作，才能有機會共同創造利益。游振昌認為SOHO族「永不滿足」的組成因素之一，追求「財富」與「成就感」絕對佔了很大比例。

# 第三節　公關企劃SOHO族—姚黛瑞

最高機密—個人檔案

姓　　名：姚黛瑞

職　　業：中華民國企業形象發展協會秘書長

自由工作者資歷：前後加起來兩年多(目前是半SOHO族)

代表作品：唐山茶宴(幫一家茶藝館執行開店前所有軟體部份，包括人員訓練、擺飾、服裝以及活動宣傳造勢等)

自我推動格言：船到橋頭自然直

## 一、成為SOHO族的第一步

### SOHO族風氣的盛行

姚黛瑞認為在民國七十八年至七十九年這期間因為市場景氣，社會游資多，有些生意人或企業家在自己本業賺了錢，又想把投資觸角跨進到其他領域，因此也給了許多「專業人才」機會，讓他們可以一展長才，又有錢可以入口袋，所以很多人紛紛跳離公司行號，自己出來外面接case做，反正有的是「機會」，大可安心的放手一搏。姚黛瑞也認為許多SOHO族把失敗的原因歸罪於「市場不景氣」是間接的逃避想法，因為SOHO族在市場不景氣的環境裏，創業成功的案例也不少。她反而認為「機會」和「時機」很重要，然而這兩者都需要時間等待，耐心也是對SOHO族的一項考驗。

## 具有SOHO族性格

姚黛瑞說她自己說話好像想起那一段就講那一段，沒有一個順序，她也說自己是做事情表面上看起來很冷靜，其時有時已經到了「鴨子滑水」(兩隻腳拚命的拍，卻不知游向那裡，亂成一團了)，不過故做鎮定而已。這可能是她謙虛的客套話，因為她的「組織能力」細心到把每年的記事本都按照年份收好，想要查資料，還可以隨時調出來翻閱，上面的記事，只能用鉅細靡遺來形容；就連她曾經負責過的案子也一件一件的收在檔案夾裏，從這些小地方不難看出來她其實是一個組織能力強，工作經驗豐富的SOHO族。

## 如何開始SOHO族生涯

不同於一般拚得很辛苦的SOHO族，姚黛瑞的SOHO生涯過得還算輕鬆寫意，她是怎麼開始她的SOHO生涯的呢？下面是她的際遇。早在醒吾商專念書時，她看到「國華廣告」在招考人，書還沒念完，她就跑去應徵，當時報考的人數多達數百人，幸運的她卻從這幾百人裏雀屏中選，考上董事長祕書工作一職。等她考上之後，公司才知道原來她還是一個學生，離畢業還有一年，不過既然她實力不錯，公司也只好接受她是學生這樣的事實。

姚黛瑞對於能進入「國華廣告」公司工作，感到相當幸運，也很高興有這樣的環境可以幫助自己成長，所以一待便是九年，在「國華廣告」的這些年，除了擔任董事長祕書一職，她還歷經製作部與業務部，這些工作經驗幫助她一路摸索過來，使她由最初的廣告新鮮人，到最後熟悉整個廣告的製作流程，姚黛瑞笑著說，實際經驗的累積很重要。然而在「國華廣告」最美好的一件事恐怕還是認識他先生，當他們決定結婚後，姚黛瑞便決定辭掉「國華廣告」的職務，在家專心籌備結婚的大小事宜。因為有過廣告製作的經歷和在廣告公司時所建立的人脈，外加她「處女座」性格，傾全力做好事情的負責態度，使她在往來的客戶當中豎立起「口碑」，所以辭去工作後，還有些客戶跟她保持往來，也使她在無心插柳的情形下，因為朋友或客戶熱情介紹的關係，而有機會接到一些活動case，才漸漸走進SOHO族的生活。

## 二、SOHO族應俱備的工作能力

### 充滿幹勁的工作態度

姚黛瑞無可奈何的說，她以為婚後自己可以放鬆，不用上班，在家裏享受生活，每天過得自由自在的；誰知，她是閒不住的人，雖然不上班，但是腦子可沒有停止思考過。就在一個機緣下，透過朋友的介紹，她認識一位有意投資茶藝館的生意人，對方想要用比較獨特的方式來經營茶藝館，找來姚黛瑞幫他負責規劃「軟體」，也就是「創意／公關」這一部份(包括內部的陳設、器具的品味、人員的訓練、活動宣傳的造勢等)；再由投資人介紹另一位室內設計師沈僥宜先生負責「硬體」的部份。姚黛瑞說，也因為這次的合作機會，使他們(姚黛瑞和沈僥宜)培養了工作上的默契，以致後來他們又陸陸續續一起接了幾個大的企劃案做。

### 懂得時間分配與自我成長

她認為結婚前做SOHO族與婚後最大的不同是，要擔心與牽掛家庭的時間會瓜分了工作時間，而且容易分心。婚前，她做事情的投入程度簡直是百分之百，就連過農曆年，她也只待在家吃頓年夜飯，隔天又跑去工地監工，她老爸當時都覺得她瘋了，但是這是工作的態度，每個人做事方法跟原則都不同，但是SOHO族特別需要「口碑」，才能罩得住客户。姚黛瑞說，這樣的工作態度也為她帶來好處。後來又接到的幾個case都是客户介紹，或是人家聽聞她的能力而主動把案子交給她執行的。

## 抓緊市場資訊與善用周遭關係

雖然現今市場不如前幾年，但機會還是有的，她反對以「市場經濟」的活絡與否做為自己做不好的藉口，不景氣時也有很多人賺大錢！她說，做一名專業自由企劃工作者，最重要的是要有行銷的「整合能力」，正如在《整合行銷傳播》這本書裡所提到的「4C」概念；何謂4C？4C就是「消費者(Consumer)，消費者滿足欲求的需要或成本(Cost)，消費者購物的便利性(Convenience)，以及溝通(Communication)」。姚黛瑞強調，把「行銷整合」的觀念套用在企劃案子上，絕對有助益，尤其現在很多行業對於消費者的重視，其實都跟整合行銷的概念脫不了關係。「整合」的另一個實用效益是「善用周邊資源」，個人工作者的缺點之一是喜歡的case想全部都接下來做，但是又擔心「人力，資源不夠」做不好，只能把接到的每一個case都當成「專案」處理；但問題是在一般公司行號，專案都有一組team在做企劃、組織、執行的動作，個人工作者的話怎麼辦？姚黛瑞說，只能利用企業管理的概念，整合周邊資源，來提高執行的效率；所以，人脈非常重要，這也是姚黛瑞在「國華廣告」的收穫之一，廣結善緣，交了很多朋友。

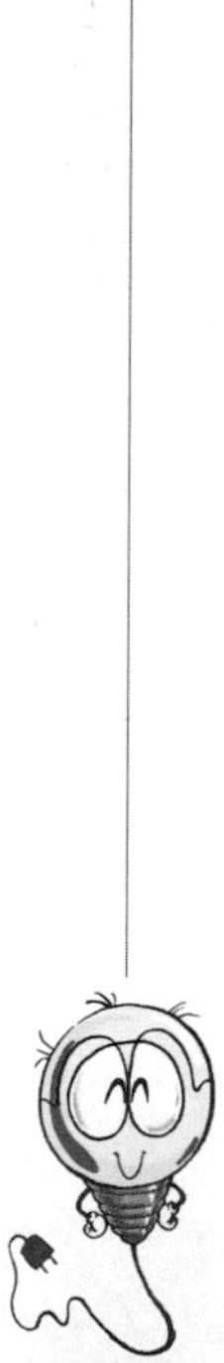

## 三、SOHO族會面對的壓力

### 情緒調適問題

SOHO族的困擾之一是「情緒」的調適。每個工作者，包括上班族跟SOHO族在內，都會面臨這樣的問題，如何處理才是重點。姚黛瑞說，她採取的作法是「拖延戰術」，不想做事時，先暫時擱著，不過也不是擱著，就不管它，她會先構思、蒐集材料，甚至了解企劃案內容，等事前工作準備齊全，也就剩下紙上作業，所以截自目前為止，她還沒有耽誤過任何工作。她也認為「情緒」的控制和處理跟年紀漸長有關係，現階段的她對於「自行處理情緒」問題已經成熟許多，當然偶爾還是會因為情緒而帶來困擾，不過已經逐年降低。

### 穩定收入／投資理財

除了情緒，SOHO族另一個擔憂的問題是「收入」，但幸運的姚黛瑞沒有收入的困擾，對她而言，工作是一種「挑戰跟興趣」，但是她也遇到過「被跳票」，客户用「分期付款」的方式給款。姚黛瑞調侃的說，她甚至還有「貼錢」把工作完成等糗事發生。例如過去她曾經執行過一個記者招待會，事前花了相當功夫做籌劃，等記者會結束時，因為一切都很順利，她感動的當場落淚，但事後結算時才發現，「天啊！她不僅沒賺到錢，還倒貼了幾萬塊錢」，不過，她自己認為做好事情才是重點。

姚黛瑞建議SOHO族應該做一些理財跟投資，例如購買基金。但是正如她自己所說，做事必須投入，購買基金也要注意風險，最好在購買前多家比較，詢問他人意見，閱讀相關理財資訊，自己越清楚，越不容易吃虧上當。她說，有些SOHO族把賺來的錢都投資在生財器具上面，這也是一種做法。但是投資都有風險嘛，最安全、最有保障的方法是「固定存款」！有了一筆流動資產，做起事來總是比較方便些。不過，她也奉勸SOHO族，消費慾望，也就是購買慾最好能夠控制一下，因為SOHO族容易放縱，尤其在「時間跟金錢」的管理上，「自制力」要相當強。

## 過來人的建議

目前習慣了SOHO族的工作形式，暫時也不想更動，對她而言這些工作經驗都僅是磨練的過程，她最終的目的是走上「專業作家」或「職業作家」這一條路，她建議有心朝自由工作者模式發展的未來SOHO一族，凡事船到橋頭自然直，先把本身條件準備好，機會來了，就做了。

聽完了這些過來人的經驗，你自我挑戰的勇氣和信心是不是也越來越高昂！

## 第四節 SOHO族應注意的事項

### 維護健康，自我成長

現代人生活壓力本來就比較大，都市生活又比鄉下生活緊張，游振昌自覺SOHO族的生活不好過；他說他曾經因為壓力過大，工作量過多而引起「乾嘔」等現象，也因為長期守在電腦前，缺乏運動而增胖了二十幾公斤。但是，這些都不足以使他「退縮」，每次想到接一個case就增加一筆收入，他的工作慾簡直就停不下來。一忙起來時，忙到連住在樓下的母親都難得見一回面，但是他「清楚自己的目標」，「未來的藍圖」也已經勾勒出來，他需要的只是「努力工作，累積一筆財富，好實現夢想」。游振昌一臉滿足的說，「幸好，他的老婆很支持他，忙不過來時，她也會幫著做」。現在他除了幫公司企劃案子，也幫大公司開課或做員工訓練，所以學生還不少；他認為在教課當中，他也可以趁機跟著學習或「吸收新資訊，新知識」。至於教課以外，只能憑「規劃」，「up date跟自己工作有關的知識或資訊」，他說，說的明白一點，就是有錢賺的先消化，雖說有些不妥，但在目前的狀況下也只有接受自己這樣的學習態度。

### 〈過來人的建議〉

游振昌興奮的說，對於SOHO族的「前景」，他相當看好，他認為會有越來越多的年輕族群投入，但「市場淘汰」比例也滿高的，原因是「現代人對現況的滿意度越來越低，但對自己又相當自負，總以為自己懂的多，有本事獨當一面，等做了一段時間，發現處理不來時，又會認命的重回職場再磨練個幾年，所以未來幾年會有人不斷的進進出出，當然這跟社會景氣也有一定程度的關係」。做SOHO族沒有「先天或後天」條件，有的僅是靠「自己努力」。個人工作者的工作負荷很重，「自我調適，自我成長」很重要，工作上有滿足，當然也有失落，例如他規劃的投資計畫全部泡湯，把辛苦賺來的錢賠上一部份，其中包括「基金和股票」。而且「生財器具」的投資也花不少錢，因為生財器具跟人的知識一樣要不斷提升，這些「轉投資」都有風險，要命的是風險都必須「自己承擔」。游振昌最後說，自己做了選擇，就不能老是活在後悔裏，主動出擊，積極進取，為理想而努力，一定會開創出自己事業的一片天。

## 進入企劃SOHO之門 備忘錄

進入企劃SOHO之門

# 備忘錄

# 第三章

# 認清自己的心——選擇自己最適合的企劃工作類型

「選擇」是最艱難的考驗，選「事業」就像選「另一半」，選對了，才能「終身幸福」。

上帝造萬物時，也許因為失算或失手，因此人一生下來就沒有辦法改變世界上有許多不公平的事實，例如外表(雖然美醜的看法是非常主觀的)，例如財富(雖然不是每個人都像副總統連戰先生一樣含著金湯匙出生)，這或許只是一句玩笑話，不過卻滿辛辣的。但是有一件事卻是公平的，而且誰也改變不了，那就是每個人一輩子都只能活一次。如何實實在在的走完人生的道路，是自己可以做選擇的，朝九晚五是一項選擇，做一位不受老闆拘束的SOHO族也是選擇；做選擇不容易，但是做了選擇能毫無怨言，安然無事的堅持下去更不容易。做了選擇，做了決定，就必須設法尋求穩定性，穩定要靠毅力；所以，SOHO族的道路不是人人都適合走，不過，想走卻因為膽小而退縮也很可惜，給自己一個機會試試看吧，當然，如果選對了工作類型，搞不好做了之後，就從此飛黃騰達了。

## 第一節 如何做出選擇的第一步

「企劃」這門學問雖然專精，但是卻整合及彙集許多「雜學」所成；又因為做一名SOHO族，最大的改革是心理調適，所以，選擇做一名企劃SOHO族，最根本的第一要素是知識(包括專業和雜學)飽滿，和心理準備要充裕。

下面就從這兩點開始討論。首先，先從「知識」開始了解自己。「專業企劃」是一項常常需要動動頭腦的行業，而且動腦時常有好幾種情況出現，有時需要嚴肅以對，有時則可輕鬆面對。不過專業企劃也是個很活躍的行業，它的執行方式常會跟著不同的企劃案而更動，也會隨著社會的經濟發展型態，和消費者的消費模式做調整，所以從前的專業企劃跟今天的專業企劃已經產生很大的差距，今日的專業企劃所知道的市場訊息必須精準、多元，資訊的取得必須豐富，常識的know how(執行動作的熟練度)必須跟的上社會腳步，最重要的還是必須了解市場動向的不規則法則。

專業知識的學習固然可以從學校獲得，但是從學校畢業之後卻不能實際運用與操作自己所學的人也不少。除了學校之外，學習的機會與場地，隨時都存在，必要的話，隨時反省，問自己有沒有試著努力吸收，若是缺乏自省的主動性，下列的自我評估表可以幫助你，了解自己是不是一個喜歡學習的SOHO族。

除了專業知識，與人相處的「相融」與「相斥」特性，也會對自己的SOHO族生涯產生影響。改變「個性」有時候比較不容易做到(江山易改，本性難移)，但是如果加強自己的心理調適，也可以補個性上的不足。下列為針對個性所製作的自我評估表，也可以幫助你了解自己。

下面兩項評分表格，每項總分各為十分，兩項得分加起來平均得分超過十五分者，代表自己是一個很有進取心，而且適應力強的人，這對成為一名企劃SOHO族具有非常正面的影響力。兩項得分不超過五分的自我評估者，代表你的學習態度可能需要再提升，與人相處與溝通的方式，可能需要做調整，若想要成為一名SOHO族，可得再加一把勁。至於得分在十分上下的自我評估者，代表你可能在SOHO族生涯的邊緣游走，非常有希望成為下一名企劃SOHO族。

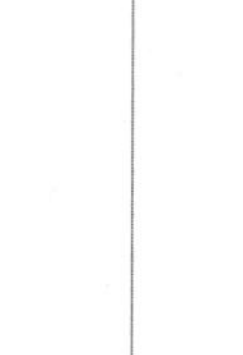

## 學習自我評估表

| 學習場所 | 學習內容 | 加1分 | 零分 | 減1分 | 得分 |
|---|---|---|---|---|---|
| 學校 | 對自己本身主修課業 | □有興趣 | □尚可 | □沒興趣 | |
| 工作場所 | 對自己工作範圍的知識 | □有興趣 | □尚可 | □沒興趣 | |
| 工作場所 | 對自己所需要掌握的資訊 | □有興趣 | □尚可 | □沒興趣 | |
| 資訊中心 | 自己希望加強的專業知識 | □有興趣 | □尚可 | □沒興趣 | |
| 資訊中心 | 對學習新的社會資訊 | □有興趣 | □尚可 | □沒興趣 | |
| 學習中心 | 希望學習的第二種語言 | □有興趣 | □尚可 | □沒興趣 | |
| 學習中心 | 自我潛能開發的心理課程 | □有興趣 | □尚可 | □沒興趣 | |
| 學習中心 | 對工作外的相關行業資訊 | □有興趣 | □尚可 | □沒興趣 | |
| 各大媒體 | 對了解國內或國際的訊息 | □有興趣 | □尚可 | □沒興趣 | |
| 公共場所 | 對了解社會趨勢的訊息 | □有興趣 | □尚可 | □沒興趣 | |

## 個性自我評估表

| 個性特性 | 做事方法 | 加1分 | 零分 | 減1分 | 得分 |
|---|---|---|---|---|---|
| 外向 | 願意調整自己的溝通方式 | □接受 | □尚可 | □不接受 | |
| 外向 | 願意承接自己不愛的案子 | □接受 | □尚可 | □不接受 | |
| 外向 | 願意面對挫折的打擊 | □接受 | □尚可 | □不接受 | |
| 外向 | 願意傾聽同事的意見 | □接受 | □尚可 | □不接受 | |
| 外向 | 願意接納客户的批評 | □接受 | □尚可 | □不接受 | |
| 內向 | 願意調整與人溝通頻率 | □接受 | □尚可 | □不接受 | |
| 內向 | 願意隨時表達自己的意見 | □接受 | □尚可 | □不接受 | |
| 內向 | 願意參與各項的企劃會議 | □接受 | □尚可 | □不接受 | |
| 內向 | 願意接觸工作以外的人群 | □接受 | □尚可 | □不接受 | |
| 內向 | 願意直接面對客户 | □接受 | □尚可 | □不接受 | |

# 第二節 如何挖掘自己的專長與潛力

在走進企劃SOHO族行業之前，先找出自己的專才，看看那個領域是最適合自己，或是最得心應手的，因為有些專業人才在學校所學與進入社會之後所做的事情，可能是完全兩回事，如致福電腦公司企劃部副課長尹思霞女士就是一個最好的例子；尹女士在學校學的是「會計」，因為不愛呆板的會計工作，加上原本活潑外向的個性，使她在輾轉經過幾個不同領域的工作經驗之後，最後還是選擇自己的最愛「企劃」這一行。特殊專才的挖掘與培養，有時不是立竿見影，馬上就可以認清的，它也許要經過一段時間磨練，或者經過一段過程的醞釀才會逐漸浮上檯面。

如何挖掘或找出自己的專長，最重要當然是從了解自己本身開始做起。有人認為了解自己是最不容易的一件事，不過，「不容易」不代表「不可行」，可藉由下列的方法來幫助自己，認識自己的潛力。

## 從他人眼裏認識自己

除了上述提到的專業知識與性向之外，如果你不是很確定自己的專長，也可以藉由別人眼裏看見自己的特長。在人際比較疏離的現代社會，人與人的互動關係可能傾向被動，多數人都不會自動跟你分析或解釋你的工作能力，除非是利益相關的客户、同事，或其他共事者。因此，自動自發的精神反而可取，可藉著工作之餘，大家閒聊放鬆的時刻，採迂迴政策，間接詢問，看看別人眼中的你，辦事情的能力為何，當多數人都認為你在某一方面的表現最為突出時，這就是你可以專研或專攻的領域；當然，另一個直接的辦法就是從客户眼裏，也就是從工作表現上認識自己，這是最具效益，也是最準確的辦法之一，對尚在摸索階段的企劃SOHO族有實質幫助。

## 從個人興趣認識自己

「興趣」是牽動自己喜不喜歡做的因素之一。相信有不少人跟致福電腦公司企劃部副課長尹思霞女士一樣，因為做了自己喜歡做的事情，在工作時特別有衝勁，也比較容易有成就感。興趣可以是後天培養的，所以不了解自己的興趣，恐怕就得花些時間鑽研。對企劃SOHO族來說，做自己喜歡或有興趣的企劃案，比較容易盡興，工作效率也比較高昂。

## 從工作經驗認識自己

「經歷」也是決定實力的要素之一。工作經歷越豐富，閱歷越深，做起事來也比較容易博得信任(所謂薑還是老的辣)，當自己經年累月在本身的專業領域上不斷的學習、磨練之後，經驗會幫助自己判斷專長所在，有些資歷淺的企劃SOHO族可能會經過一段時間的工作陣痛期，等到摸清楚方向後，自然而然就能如魚得水，享受不受拘束的SOHO生活。

## 第三節 現在的選擇／未來的藍圖

如果你對自己的專長已經有認知，也確定自己喜歡過著SOHO生活，那麼再大膽假設你的人生已經走到十字路口，也就是面臨做出決定的一刻，你會對未來做出什麼樣的抉擇？如果你還猶豫不決，那麼下面的表格或許可以幫助你確定自己的方向，先從大方向開始把握，大方向明確，就可以開始開發自己的潛在能力與潛在客户。下列的「自我評估表」如果在每個「職場類別」欄裏，答案超過五個「是」以上，即表示你適合在這個圈子裏生存；若在每個「職場類別」欄裏的答案「是」都過半數以上，你可以成為一位可塑性很高的SOHO族。游走在不同的工作領域，對以接案子多寡來創造事業的SOHO族來說，能夠優游自在的穿越在不同的工作領域，機會就越多，説明白一點就是「實力」同時創造「財力」與「工作機會」。「自我評估」一欄是測驗自己本身的調適能力，不在評估範圍內，「可調整」或「不可調整」完全由自己本身判斷，讀者必須坦誠面對自己。

## 自我評估表

| 職場類別 | 個人條件 | 答案 | 自我評估 |
|---|---|---|---|
| 傳播業 | 個性活潑大方 | □是□否 | □可調整 □不可調整 |
| | 喜歡接觸人群 | □是□否 | □可調整 □不可調整 |
| | 對國內／國外的流行動態瞭若指掌 | □是□否 | □可調整 □不可調整 |
| | 了解傳播業的製作過程／流程 | □是□否 | □可調整 □不可調整 |
| | 喜歡想怪招／出點子 | □是□否 | □可調整 □不可調整 |
| | 能適應不定性的工作時間(如半夜) | □是□否 | □可調整 □不可調整 |
| | 強勁的説服力 | □是□否 | □可調整 □不可調整 |
| | 文字表達能力中上 | □是□否 | □可調整 □不可調整 |
| | 有特殊才藝／懂得其他語言 | □是□否 | □可調整 □不可調整 |
| | 懂得製作不同類型的企劃案 | □是□否 | □可調整 □不可調整 |
| | 能吃苦耐勞 | □是□否 | □可調整 □不可調整 |

| | | | |
|---|---|---|---|
| 企業／百貨業界 | 個性沉穩但兼具活躍 | □是□否 | □可調整 □不可調整 |
| | 對於市場動態瞭若指掌 | □是□否 | □可調整 □不可調整 |
| | 懂得第二種語言 | □是□否 | □可調整 □不可調整 |
| | 懂得製作各式企劃案 | □是□否 | □可調整 □不可調整 |
| | 了解企業界的作業流程 | □是□否 | □可調整 □不可調整 |
| | 能預估未來市場的發展方向 | □是□否 | □可調整 □不可調整 |
| | 文字表達能力佳 | □是□否 | □可調整 □不可調整 |
| | 能把創意應用在專業上 | □是□否 | □可調整 □不可調整 |
| | 能接受客户無理的批評 | □是□否 | □可調整 □不可調整 |
| | 説服能力強 | □是□否 | □可調整 □不可調整 |
| | 不愁資訊的來源／管道 | □是□否 | □可調整 □不可調整 |
| | 懂得利用外在／內在來表達自己 | □是□否 | □可調整 □不可調整 |

| | | | |
|---|---|---|---|
| 網路／其他 | 個性沉穩但兼具活躍 | □是□否 | □可調整 □不可調整 |
| | 對科技／資訊發展瞭若指掌 | □是□否 | □可調整 □不可調整 |
| | 懂得區分網路市場與一般市場 | □是□否 | □可調整 □不可調整 |
| | 英文能力佳 | □是□否 | □可調整 □不可調整 |
| | 文字表達能力佳 | □是□否 | □可調整 □不可調整 |
| | 善於明辨網路上資訊的真偽 | □是□否 | □可調整 □不可調整 |
| | 懂得製作應用在網路上的企劃案 | □是□否 | □可調整 □不可調整 |
| | 可以説服客户採納自己的想法 | □是□否 | □可調整 □不可調整 |
| | 能為客户勾畫未來的發展藍圖 | □是□否 | □可調整 □不可調整 |
| | 能預估二十一世紀的市場主流 | □是□否 | □可調整 □不可調整 |

## 第四節 學習中求成長

俗諺說「活到老學到老」，生活是學習，在學習的過程當中，每個人都可以適時挖掘自己的潛力跟未來藍圖，但是對企劃SOHO族來說，學習更為重要，它可以幫助企劃SOHO族在每個過程中求成長，不管你的學習對象是對手、社會、朋友、親人、公司，甚至一件企劃案，都不要輕易放棄學習機會。尤其現今的社會，處處是陷阱，不小心跨錯一步，都必須付出慘痛代價，這些落敗或失手的經驗，也是寶貴的教訓；再者，社會進步的腳步實在太快了，尤其「資訊科技」就像另一次「工業革命」，將人類的生活帶入更高層次，許多大家都尚在談論的話題或使用的技術，可能明天就已經不適用了。微軟電腦軟體就是最佳實例，還記得視窗95(Windows 95)剛上到市面時，使用者還在歡呼，感謝它的便利時，曾幾何時，視窗97已經推出了，然而，當視窗97的普遍率還沒有完全建立，當電腦使用者還在努力學習視窗95、視窗97的功能時，比爾蓋茲(Bill Gates)又鄭重宣布視窗98將全力進攻全球市場，這種成長速度，身為一名企劃SOHO族，必須隨時跟的上，所以，學習沒有捷徑，腳踏實地，必須靠自己努力。

你想要一個充實的人生嗎？確定自己的方向，努力往前走，你一定可以達到。從本章開始，你可以了解自己的潛能，再為自己的SOHO生涯做一個選擇，如果每個過程、每個細節，都能盡心盡力，隨時加強自己的實力，成功的機會定會來臨。

## 進入企劃SOHO之門

# 備忘錄

# 第四章

# 創業必備的條件——Are You Ready Now？

「創業條件」不是母雞下蛋，說有就有，它是靠長期的準備工作累積形成的。

你也許會突然想當SOHO族，不過不太可能突然就當SOHO族，如果有這種戲劇性的效果出現，只有兩種可能，一是忽然遭遇失業，再者，可能你的生活正在尋求轉捩點或轉折點。不管當SOHO族的原因為何，最重要的是規劃，莽撞行事的後果是做事容易出差錯。創業是有階段性的，如何為自己做好完善的準備，恐怕需要從頭計畫起。下面我們將創業準備分為三個階段進行，從「夢想階段的創業準備」開始，到「執行階段的創業準備」，乃至「真正創業階段的準備」，在這三個階段裏，你所需要投入與付出的準備功夫。

## 第一節 夢想階段的創業準備

如果你的創業藍圖已經在腦海裏勾勒出來，但是距離實行尚有一段距離，那麼就先從自己本身可以做到的細節開始做起。首先要理清的是什麼因素導致自己想加入企劃SOHO族的行列，在確認清楚自己的想法之後，下一步便是心態上的調整。多數人開始走進SOHO族的隊伍，不外乎下列因素：

## 脫離朝九晚五上班制度的理由

### ★質疑

面對每天一成不變的生活，日復一日，對生活漸漸失去感覺，長久下來，你會突然覺得自己像失去彈性的彈簧，或是需要再上油的機器，對自己做的每件事情，沒有任何的熱情(Passion)，只想趕快把事情做完，做完一件是一件；但是人終究不是機器，漸漸的，你會對自己的工作態度及生活態度產生疑問，套句廣告台詞「質疑是顛覆的開始」。也許有一天你會突然像電影「第三類奇蹟」（Phenomenon）裏的約翰屈伏塔一樣，腦袋被一道白光穿過，就在被穿過的那一瞬間，magic moment（奇妙時刻）發生了，思路一轉，你想改變自己，改善生活品質，擁有自主權，由自己決定生活應該如何過，當你有了掌握自己生活的想法時，這就是想要成為SOHO族的起點。

★勇氣

你有沒有過每天早上從床上爬起來，便開始抱怨，為什麼又要上班、趕車、趕時間、趕尚未完成的企劃案、趕著談不完的公事，稍為放鬆一下怕主管會大眼瞪小眼；怕丟飯碗；怕日子不知如何過下去；怕上pub喝一杯酒或飲料都沒錢；在害怕恐慌當中想起女朋友或男朋友的可愛容顏；想起老婆、先生、小孩的溫暖關切，就在這些情緒交錯的心情裏，刷好牙，洗好臉，換上衣服，在擁擠的人群與癱瘓的交通裏，本份的開始每一天的生活。正如上述所提，過於制式的生活過久了，總會想改變，由質疑開始到尋求改變是需要「勇氣」的，有人會因為改變而失去原有的一切，但是有人卻因為改變而得到自己想要的，無論如何，「勇氣」的確促使越來越多人投入企劃SOHO族的行列。

★機會

許多企劃SOHO族在剛開始的時候，都僅是以兼差的方式，在工作之餘接案子做。一開始，他們多數對成為SOHO族並沒有太多的想法，在時間允許下，利用工作之餘兼差多

賺一些錢花。隨著經驗的累積、興趣的增加、人緣的建立，以致外接的案子越接越多，當這些額外的工作，收入遠遠超過白天的工作所得時，難免就開始「見異思遷」，如果比較兩種不同的工作方式，發現成為SOHO族可以為自己省下更多時間，賺更多的錢，而且沒有上司或主管給的壓力，在這樣的因緣際會下，有誰會不心動，不想成為SOHO族。

一旦成為SOHO族的意識很明確，接下來要探討的就是在夢想階段的創業準備，到底有那些？

## 心理調適

成為企劃SOHO族最大的差異在於固定收入沒有了，公司福利不見了，可以一同處理事務、分擔責任的夥伴消失了。當你追求SOHO族所擁有的自由時，同時你也在喪失一部份你所擁有的權利。舉個例子說，假設一個客户Pass給你一個大案子，條件優渥，但是工作沉重，時間緊迫，你衡量的結果，這個案子滿值得去做，只不過在人力與時間上，需要額外付出。如果你接了之後，才發現這個案子在執行上屬於高難度，也許案子進行到一半，已經開始氣餒，但是合約簽了，無論如何都得完成，怎麼辦？當然還是得硬著頭皮完成，不論在進行的過程當中，會遇到什麼阻礙，都必須獨當一面的撐下去。所以，在成為SOHO族之前，一定要做心理建設，因為類似的情形可能會不斷重複發生。「心理調適」是為自己做準備，讓自己很清醒的應付日後單打獨鬥的各種場面。

## 與家人溝通

沒有人會希望自己成為別人的負擔，但是誰又能保證這種惡夢不會降臨在自己身上呢？成為企劃SOHO族或許是自己的美夢，一旦夢想成真，也可能意謂著自己跟家人之間的相處模式會跟著改變，如相處時間縮短、拉開彼此的距離、經濟財物的不穩定、引起家人的不滿、心理與生理上的挫折、特別需要家人的支持等，這些原因都可能引爆自己與家人之間原本相處和諧的關係。尤其SOHO族生活在剛開始時，會特別渴望家人的精神支持，為避免日後不必要的困擾，最好事先與家人溝通清楚，把各種可能發生的情況，讓家人全盤了解，萬一不幸真的遇上時，家人的支持與諒解會幫助自己度過初創業的非常時期。

## 創業草圖

如果你在心理上已經預備好了，面對自己將成為SOHO族的事實時，就必須從甜蜜的夢想世界清醒，開始著手準備創業必須面臨的各項條件。假若這是你的第一次，你也許會有點慌亂，不知從那一項開始做起，建議你不妨畫個簡單的表格，把每一項該做的事情都列下來，這樣做的好處是可以順便幫助自己在下一個階段，也就是執行階段能夠有條不紊的預備該做的事。創業草圖雖然只是一個初步的架構，但是越仔細越好。在「原因」那一欄，請讀者自行填下造成「是」與「否」的理由是什麼？以便幫助自己找出真正原因。例如在「地點的決定」那一項裏，如果你填的是「希望在家裏安置一個工作室」，「原因」欄可能填寫的理由是「因為付不起房租」等諸如此類的明細，填寫的真正目的是希望幫助讀者在創業的階段達到掌握自己的「預算」，以免「超支」或無謂的「浪費」。

**創業草圖**

| 項目 | 明細 | 答案 | 原因 |
|---|---|---|---|
| 地點的決定 | 希望在家裏安置一個工作室 | □是□否 | |
| | 有能力在外面賃屋 | □是□否 | |
| | 交通時間長短的考慮 | □是□否 | |
| | 希望在郊區環境優美的地點工作 | □是□否 | |
| | 在市區尋找合適的地點 | □是□否 | |
| 交通 | 是否需要添置新的交通工具 | □是□否 | |
| | 交通的便利與否不列入考慮 | □是□否 | |
| 交通工具 | 汽車 | □是□否 | |
| | 機車 | □是□否 | |

| | | | |
|---|---|---|---|
| 生財器具 | 電腦以及相關設備 | □是□否 | |
| | 電話 | □是□否 | |
| | 手機／CALL機 | □是□否 | |
| | 答錄機 | □是□否 | |
| | 影印機 | □是□否 | |
| | 文具 | □是□否 | |
| 資訊的取得 | 是否訂閱書報雜誌 | □是□否 | |
| | 是否需要參加資訊專業課程 | □是□否 | |
| | 由同行或對手手邊獲得 | □是□否 | |
| | 到網路裏尋找 | □是□否 | |
| | 到圖書館查閱 | □是□否 | |

| | | | |
|---|---|---|---|
| 辦公室 | 是否需要裝飾門面(如油漆，粉刷) | □是□否 | |
| | 名稱／抬頭的設立 | □是□否 | |
| 添置傢俱 | 辦公室桌椅 | □是□否 | |
| | 檔案櫃 | □是□否 | |
| | 檯燈 | □是□否 | |
| | 音響 | □是□否 | |
| | 沙發 | □是□否 | |
| | 飲水器 | □是□否 | |
| | 煮咖啡機 | □是□否 | |
| | 工作記事白板 | □是□否 | |

# 第二節 執行階段的創業準備

執行階段的創業準備其實又更接近現實，也許在夢想階段所模擬的意外狀況統統都會浮上檯面來，所以在執行階段顯得比較辛苦，但反過來說實務經驗會幫助自己更上層樓，到底在這個階段需要做那些準備，就先從地點的選擇開始談論起。

## 地點的選擇

有些人在剛創業時沒有能力負擔租賃辦公室的費用，所以只能選擇在家裏工作，做一名居家ＳＯＨＯ族。在家裏工作有很多好處，如省錢、家人就近照顧，沒有助理的ＳＯＨＯ族，也可以請家人幫些小忙；不過，缺點也不可避免。首先要注意的是作息時間的差異，會不會為彼此帶來不便，再者，住家總是跟辦公室的感覺不同，會不會給人不夠正式的印象？

會不會影響自己的工作效益？但是如果選擇在外另尋辦公地點，有些細節也必須注意，比如房租的費用是否負荷太重？地段適不適合？鄰居有沒有問題？交通是不是便利？將以上的因素統統列入考慮，找出最適合的答案之後，就必須做出決定了。在執行階段最主要的是決定地點，地點有了，接下來就是生財器具的準備工作。

## 生財器具的添置

所有能幫助自己完成工作的器具都很重要，一個簡單的辦公室，最基本的設備有那些？

### ★電腦

電腦已經成為現代辦公室裏不可或缺的重要設備。電腦的用途有很多，除了大家都知道文件的處理之外，也可以利用電腦的功能來製圖、做報表，使自己企劃案更具有可看性，除此外，還可以上網，到各大網站搜尋自己需要的資料、收發電子郵件，還有利用各種軟體來

執行企劃工作，例如在製作廣告企劃案時，可以利用Photoshop來處理圖像，在製作唱片企劃案時，Wave檔案也可能可以派上用場，處理聲音的問題……。總而言之，市面上具有各式功能的軟體，沒有電腦，工作時就像沒有腿，簡直「寸步難行」。

## ★列表機

有了電腦，就少不了列表機，因為製作的企劃檔案，都必須列印交給客户，當然，沒有列表機，不代表不能工作，但卻非常不便。

## ★掃瞄器

在企劃案裏有關影印這部份，也可以利用掃瞄器，把圖片掃進電腦裏，再製作成圖檔，傳送或交給客户。這個器具的添置與否，完全取決於自己的工作需求。

## ★手機

手機在電訊業者的推動之下，已經逐漸變成日常家用電器品，建議企劃SOHO族不妨考慮申請一個大哥大，以方便自己在任何時刻與人聯絡，以免錯失任何工作機會。假若你是居家SOHO族，大哥大的另一個好處是擁有自己的通訊方式，不會給家人帶來不便。手機的費用雖然比較高，但是如果你懂得方法，也未必會付出較高的代價，現在市面上推出好幾種手機儲值卡的消費方式，如果你接聽電話的頻率高過打電話，最好辦一張手機儲值卡，因為一張幾百元的儲值卡，可供自己使用一年半載沒有問題，省錢通常可以從小地方做起。

### ★Call機

Call機是手機的另一個替代品。它的最大功用恐怕是不必立刻接聽你不想接聽的電話，但又不會錯失別人聯絡你的機會，而且它的基本費一個月五百元台幣不到，消費不起手機，可以用Call機代替，Call機的另一項優點是可以利用中文傳呼機的message留言來過濾電話的重要性，可以彌補一般Call機僅留電話號碼，卻無法辨識事情緊急與否的缺點。

★電話專線

不管是居家SOHO族或是賃屋SOHO族，建議你最好有自己單獨的電話專線，可以使工作立場跟形象更加明確；尤其擔憂自己會接到不想接的電話時，不妨再配上一台答錄機，更可達到過濾來電者的作用。

★其他設備

其他如文具用品、檔案櫃、檔案夾等，都盡可能一一準備，就算只是遺漏一個訂書機或訂書針等小配件，都可能使自己在工作時造成不便，別忘了，個人工作室就像一個小型辦公室，檔案需要分類處理，資料更必須隨時收集，製定企劃案時也需要各個檔案夾或相關的文具用品做為輔助。

## 裝修門面

相信多數的SOHO族在創業初期都非常節省(少了收入，自然不敢亂花錢)，但是辦公室還是做事情的地方，在一個乾淨、整齊的環境裏做事，心情自然不同。建議你把工作室的門面裝修一番，該刷油漆就刷，該添置辦公桌椅就添置，最好還預備額外的桌椅招待客人。若「沒有預算」做門面裝修，那麼就找家人或朋友幫忙，甚至自己動手也行。買不起全新傢俱，甚至可以利用二手貨，只要多翻翻報紙的內頁廣告，託朋友問問，或者上網SEARCH(搜尋)，都可能有收穫。還有另一個方式是到「老外」集中地，好比天母或北投，都有可能發現不錯的二手傢俱買賣交易，因為老外在離開台灣時，通常都會急於脫售家產，傢俱則為其中之一項。

# 第三節 開張階段的創業準備

到了創業階段，彷彿手邊應該注意或準備的每一個事項都差不多應該準備好了，這個階段最重要的是全盤彙總，所以每一個步驟都應該更仔細小心才是。

## 名片設計

有了自己的工作室，名片就得趕快出爐，因為不管你走到那裡，你都代表自己談生意、接案子；因此當你遞出名片時，它就代表你的身份、專業以及地位，所以名片的設計，一點都馬虎不得。現在有很多的個人工作室，都利用電腦自己設計名片，再用列表機印出，加透明封套(紙張太軟，容易皺折)；自己設計的好處是可以強烈表達自己想要的風格，但是自己如果沒有辦法或時間做這些事，也可以交給小型的印刷廠來處理，價錢也不貴(一般行情，兩盒大約六百元左右)，缺點是做出來的東西比較制式。不管是自己設計或交給印刷廠處理，最重要的是名片上的專長及聯絡方式(包括地址、電話、以及其他方法)、名稱、頭銜……等主要項目，都必須清清楚楚，假設你有不錯的創意，還可以在上面出些怪招，引人注意，否則，現在多數的人收到名片，有心者還會收起來，無心者可能回頭一丟，你的名片就到垃圾桶了，因此，這些小細節都不能草率，也不可忽略。

## 散發武林帖

名片一旦出爐，就可以告知相關行業人士，你已經走出公司大傘，成為一名自由的個人工作者，趕快對別人發佈你的「工作地點」改變，但是「專業能力」不變的訊息，越早讓過去合作過的工作人員或客户知道，對自己越有利。因為往後你的「錢途」全靠過去累積的經驗與人脈來為自己打下基礎。散發武林帖的方式有幾種，最禮貌也是最傳統的做法是寄一張問候卡片，一開始先寫些誠懇的問候語，中間敘説過去的愉快合作經驗，末了再告知自己目前的工作身份，以及詳細的聯絡方式；如果不是很確定對方有沒有收到卡片，可以事後再打電話關心確定一次，所以寄卡片加上打電話是雙重保險的做法。另一個快速方式是廣發E-mail(電子郵件)通知，在忙碌的工作環境裏，這是一個省時省錢的做法。

## 全盤檢查

就像小時候參加聯考，細心的人總是在考完之後重複檢查，預防漏失；考試都得如此當心，何況是攸關自己前途的事，更得審慎注意，所以最後階段的總檢查非常重要，馬虎不得。最佳的方式是從第一階段開始檢視，不管是屬於實質層面或精神層面的，都問問自己，是不是準備好了，如果不是很有把握，那麼還是按照老方法，利用自我評估表來幫助自己，自我評估表的好處是一則可以確認自己有沒有疏忽遺漏的地方，再者可以看看對自己的準備到底有幾分把握。「自我評估」填寫完成後，則在「原因」那一欄寫下填「否」的理由是什麼？重複檢視自己每個過程中的缺失，最後才能確定自己對於創業是否有充足準備。當然，如果你在「自我評估」欄裏，每一項答案都是「是」，毫無疑問的，你可以上路啦！

## 自我評估表

| 創業階段的準備 | 準備事項 | 自我評估 | 原因 |
|---|---|---|---|
| 夢想階段 | | □是□否 | |
| *質疑 | 了解做SOHO族的理由？ | □是□否 | |
| *勇氣 | 確定自己要走的路？ | □是□否 | |
| *機會 | 有無獨立工作機會？ | □是□否 | |
| *心理調適 | 有無想過如何面對挫折？ | □是□否 | |
| *與家人溝通 | 家人是否支持？ | □是□否 | |
| *創業草圖 | 創業草圖事項準備好了？ | □是□否 | |
| 執行階段 | | | |
| *地點的選擇 | 滿意決定的工作地點？ | □是□否 | |
| *生財器具添置 | 電腦？ | □是□否 | |

| | | | |
|---|---|---|---|
| | 列表機？ | □是□否 | |
| | 手機？ | □是□否 | |
| | CALL機？ | □是□否 | |
| | 電話專線？ | □是□否 | |
| | 網路裝置？ | □是□否 | |
| | 電子郵件？ | □是□否 | |
| | 交通工具？ | □是□否 | |
| | 其它用品？ | □是□否 | |
| ＊裝修門面 | 辦公桌椅？ | □是□否 | |
| | 訪客區？ | □是□否 | |
| **開張階段** | | | |
| ＊名片設計 | 名片上的資料是否清楚？ | □是□否 | |

| | | | |
|---|---|---|---|
| ＊散發武林帖 | 應盡的禮貌是否做到？ | □是□否 | |
| ＊全盤檢查 | 有無從頭至尾檢查一次？ | □是□否 | |
| ＊開誠佈公 | 問自己確實準備好了？ | □是□否 | |

綜觀上述概要，做一名企劃SOHO族並非如想像中的困難，如果你可以分階段性的準備自己該準備的事，你的夢想就有機會成為事實，真正做自己想做的事。雖然做一名SOHO族不是遙不可及的夢，但是事先的充分準備，不代表自己一定不會錯失或遺漏，最好能隨時檢視，時時自我要求，千萬不要認為自由就可以過度輕鬆，怠惰的養成很快，一旦懶散下來，要再力爭上游就顯得力不從心了，希望這個階段的準備功夫能為你的企劃SOHO族夢展開一條順暢的路。

第五章

# 踏出第一步

創業的「第一步」就像嬰兒剛開始學走路，總是害怕跌倒；但是「第一步」踏出去了，才能創造接下來的機會。

第一步是最難跨出去的，一旦跨出去，就等於掌握了一半的機會。

在第四章的創業篇裏，如果你確實檢視過自己的準備功夫，那麼，接下來最重要的是開始預備開工的事宜了。除了精神上的備戰狀態外，最主要也是最重要的便是「實際操作」的體驗，因為事先預估的狀況可能沒有發生，但沒有設想到的問題卻不斷的出現，所以如何冷靜面對，臨危不亂，是非常需要的，套用日本實業家松下幸之助的話「路是人走出來的」，走過荊棘之路，最後才能步上康莊大道。

## 第一節　精神上的第一步—持續備戰狀態

### 步上軌道

剛開始成為一名沒有固定收入的企劃SOHO族，心裏總有一段矛盾混亂期，有待克服；一方面是因為工作環境的改變，另一方面是因為收入突然失去穩定性，難免會造成自己

惶恐不安。其實身處九〇年代的白領階級，都需要進一步深思這個生活問題，因為處在高消費的年代，大家習慣利用錢來堆砌生活品質，因此收入一旦降低，跟著就害怕原來的生活品質不能維持；但是，一成為企劃SOHO族，這時候有太多事情要擔憂，生活品質若無法維持，也只能先擺一邊，第一步最重要的是趕緊在精神上做調適，使自己及早步上軌道，因為你是在為事業奮戰，企劃SOHO族的競爭壓力很大，如果不能儘早進入備戰狀態，很快的就會被淘汰。

## 尋求支援

剛開始成為SOHO族，也許會有許多疏忽或遺漏的細節，就算事先已經有了詳細計畫，但是人腦不如機器，總有考慮不周之處，所以，最好能儘快建立back up(後援人員)以便做緊急支援。需要支援的地方可能有所區別，有的是屬於工作上的，例如當自己手邊case(企劃案)過多，應付不暇時，有沒有想過可以找誰幫忙？找人不是隨便找的，最好是有合作經驗，彼此互相信任的工作夥伴或朋友，如果也是SOHO族，那就更美好，一來可以介紹賺錢的機會，再者比較可以體諒彼此的心情。一開始接CASE總是有機會就做，賺錢講求速度，也可能比較飢不擇食，但是接了以後，總得把事情做好，事情囤積越多越久，壓力越大，因此委託工作情況類似的工作夥伴，最好能事先把交差的日期交代清楚，以免弄到最後大家互相埋怨。當然，在精神方面的支援也很重要，遇到工作壓力、心情沮喪、情緒低落時，有沒有可以傾訴的對象，或紓解的方法，情緒就像生病，有病就要醫治，套用一句台語的廣告詞：「好酒可以放長，越放越香，有病不能放，越放越沉重」。最後便是財務支援，如遇到緊急需要時，有沒有人可以伸出援手；假設你的事情進展不順，然後又存款不足，甚至突然遇到天外飛來橫禍，在沒有任何預備下，發生一些倒楣事件，沒有能力獨自解決時，可以向誰求援？唯有把最糟的情況都考慮進去後，建立自己的back up系統，才可以更放心的開創自己的SOHO族生活。

# 第二節 實際作戰的第一步

## 時間規劃

SOHO族會經常出現的困擾之一是工作時間不定，有時因為趕case(企劃案)工作時間過長，休息時間不夠，容易造成「生理與心理」壓力過重，以致產生反效果，導致工作效率過低；或者因為擺脫打卡生活，便開始放縱自己的作息，而帶來工作不彰的反效應。這些困擾如果短時期內可以獲得改善，情況也許不至於惡化到無法控制，若無法即時改良，長時期累積下來的後果，很快的自己就會因為混亂的工作時間而感到吃不消。不過這也並非是一場惡夢的開始，如果懂得安排時間，把工作與休息的時間分開安排，這些問題就不是問題。下列的簡單時間安排表格，可以做為參考，時間的計劃表可以依「星期」或「月份」做單位，完全視個人情況做適當的安排。建議你可以把預估要做的事項列入，如在「8:00PM之後」那一欄，安排自己固定閱讀一些雜誌，給自己一點點壓力，維持相當程度的進步；也可在「星期

六」那一欄安排自己做一些娛樂活動，使自己放鬆，為生活添加一些樂趣。在「星期日」後，做一個整體總檢討，看看自己這個禮拜究竟做了多少事。如果有企劃案正在進行，剛好也可以檢查進度，「時間規劃表」的真正意義不是使自己又再度過著打卡式的上班生活，而是讓自己把時間規劃出來，在這個時間內自由的進行自己「應該做」，也「必須做」的事。

**〈時間規劃表〉**

| 星期 | 9:00-11:00AM | 午餐時間 | 2:00-6:00PM | 8:00PM之後 |
|---|---|---|---|---|
| 一 | | | | |
| 二 | | | | |
| 三 | | | | |
| 四 | | | | |
| 五 | | | | |
| 六 | | | | |

| 日 | 總檢討 |
|---|---|
| | |
| | |
| | |
| | |

# 私人小祕書網

在沒有工作夥伴，又沒有私人助理的工作情況下，趕緊為自己建立一個「私人小祕書網」，來幫助自己把所有的工作行程安排妥當。私人小祕書網不需要真的花錢雇個祕書，只需要建立一套自己的祕書網，最方便的做法當然是利用電腦系統，例如Microsoft(微軟)的「OUTLOOK EXPRESS」裏就有SCHEDULE(行程表)一欄，你可以把約會、面試、約談、交差，甚至婚喪喜慶的時間，把工作上或私人有關的事情都列入，隨時進去查看，以免遺忘。

另一個辦法是自己製定一個簡單表格(請參考下列表格)，把該做的事情記錄上去，放置在工作檯旁邊，隨時查看。一個人能顧全的範圍有限，難免會忘東忘西，所以也要養成記錄

memo的習慣，或利用organizer（個人萬能記事手冊），幫自己把雜事統統記錄下來，事情總有輕重緩急，重要的事情，做個記號優先處理，既不會耽誤工作，也不會把自己搞得一團混亂。如果還擔心自己會忘記，不妨事先委託家人幫忙提醒，或在辦公桌旁安置一個留言板，寫張字條貼上去。成為企劃SOHO族，也許家人或朋友以為你不用上班，閒閒在家，一會兒找你幫忙，一下子約你喝茶聊天，不是很能理解你的工作情形，光是應付這些閒事，搞不好很快就崩潰了，哪裡還有精力再往事業衝刺，因此一開始就建立好私人小祕書網，當工作日益增多時，一點也不受影響。

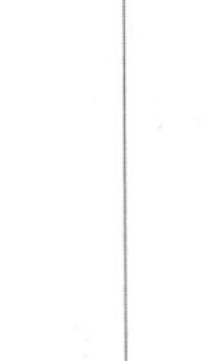

〈行事表〉

1999年 1 月

| | | | | | |
|---|---|---|---|---|---|
| 1/1 | 1/2 | 1/3 | 1/4 | 1/5 | 1/6 |
| 1/7 | 1/8 | 1/9 | 1/10 | 1/11 | 1/12 |
| 1/13 | 1/14 | 1/15 | 1/16 | 1/17 | 1/18 |
| 1/19 | 1/20 | 1/21 | 1/22 | 1/23 | 1/24 |
| 1/25 | 1/26 | 1/27 | 1/28 | 1/29 | 1/30 |
| 1/31 | | | | | |

## 第三節 眞正踏出第一步

### 企劃案的分類整理

從開始的準備工作到真正上場，已經持續一段時間，對於SOHO族的生涯也應該越來越清楚，整體的預備工作，到這個階段大致都該步入正軌了(如果你還沒有準備好，進度有點落後哦)，接下來首先要做的便是整理檔案，建立資料，把從前企劃過的案子做一個分類整理，為自己的工作前景先做一個初步規劃，以便日後跟不同業界的客戶商討企劃案時，可以隨時做參考或派上用場。首先，先確定自己想走的方向，如果你想朝傳播業界發展，那麼先把這個圈子最近發生的幾件大事瀏覽一次，了解這個行業的最新動態，讓人感覺你對這個行業有相當程度的關心和了解，然後把自己的想法以及資料整理出來，放置在檔案夾裏，以備隨時需要。接著，再把過去的成績和作品做成FILES(檔案)，每回跟客戶談論企劃案時，可以把這些檔案拿出來，以過去的成績博取客戶的信賴感，如果再加上資料的充份準備，更可以使自己獲勝的機會提升。客户的心態其實跟你一樣，如你在接一件企劃案時，總會事先對客户的財務實力、成立背景、信用度、老闆／主管為人如何做一番調查，相對的對方當然也是如此，要讓公司把企劃案交給你這個企劃SOHO族來執行，一定是你的本事及專業程度取得他們的信任，所以你的自信會為自己的專業度加分。當機會來臨時，不要懷疑，好好準備，踏出這一步，你的SOHO族前景又往前跨一步了。

## 拜訪潛在客戶

客户和資料的分類及檔案整理在初步工作告一段落後，就可以開始準備登門造訪了。如何挖掘並開發潛在客户，最快、最直接的辦法是利用以前工作的關係跟人脈，利用對方與自己的熟悉度主動聯絡出擊，如果能夠約好時間親自拜訪，把未來經營的方向、理想、工作概念，清楚的向對方表達，這樣的做法比傳真、電話溝通、傳電子郵件(E-MAIL通知)又更進一步；除此之外，另一積極的做法是把對方(客户)最近推出的幾個企劃案做一個仔細的分析報告，如果你有把握能夠詳細比較企劃案的優點和缺點，讓對方(客户)對你的看法信服，起碼第一印象已經建立起來，接下來就是摩拳擦掌等待機會展現實力。

除了利用過去的人脈，也可以透過朋友，過去的同事，甚至一起合作過的客户介紹，再開發從未接觸過的合作對象。在剛剛經營事業的階段，業務的拓展其實多數得靠自己的勤勞努力，任勞任怨來支撐。根據唱片界經營詞曲代理的SOHO族Joanna表示：「在開始嘗試SOHO族生涯時，她什麼事都是自己上場，包括文件的準備，但是當她的工作做得越仔細，越為對方著想時，客户的信任度會越來越高，委託的業務也會越來越廣……。」所以，透過親朋好友的幫忙，加上吃苦耐操的本性，老天爺總會賞飯吃的，換句話說，就是努力總有開花結果的時候。

從親自拜訪客户的經驗裏，還可以幫助自己實際了解每個客户公司的操作模式，例如問清楚一般遞案子的方法、請款及付款的日期、需不需要開立發票、權利確認問題。有些SOHO族是沒有辦法開發票的，這在一開始就必須向對方表示清楚，有些客户可以接受，有些則否，因為這又牽涉到繳交稅款的問題。有些公司的請款日是有一定的，超過請款日再請款，你的費用也許又要多等一個月才能拿到，這些雖是小問題，但是都有必要弄清楚。這些問題最好在工作的過程當中建立一個模式，以便日後的長期合作，正如前面幾個章節所提，SOHO族許多大小事都必須事必躬親，既瑣碎又容易忘記，模式的建立有益於自己的工作管理。

第一步，尤其是從未嘗試過的第一步，剛開始走起來固然辛苦，但是在努力付出後，通常還不至於白費力氣，努力全泡湯，除非運氣跌到谷底，最糟的狀況也不過當做自己學了經驗，再從頭來過，別忘了人生是經驗累積的；最美的情形，可能是事業從此一帆風順，生活的順心又如意，每天做自己想做的事情。你的決定是什麼？你的選擇又是什麼？這都關係到你將過什麼樣的日子，所以「猶豫不決」只是徒然浪費自己的時間，人生不一定要每樣都志在第一，但也不一定只能利用物質或金錢來堆砌或滿足，總得有自己的夢吧！其實當一名企劃SOHO族並非困難重重，最重要的是有沒有勇氣跨出去這一步，第一步不一定能夠決定成敗，但是做得好或不好，絕對跟努力有關係。

## 進入企劃SOHO之門 備忘錄

# 第十八章

# 創業的相關知識

這年頭在外面做事情，不懂得「保障自己」，就等著被「宰割」。創業要「小心」，不要「被騙」，你的「腦筋」就要動得「快」，「眼睛」就要看得「清」。

古語云：「人無遠慮，必有近憂」。不管身處那一個行業都有風險，都有可能突然面臨失業或遭受意外的窘境。從前被認為鐵飯碗的職業如公務員或銀行職員，在政府一步步把公營開放為私營後，鐵飯碗也會像瓷碗一樣，可能摔得粉碎，實際發生的狀況如「強迫退休」、「退休金縮水」，或遭「解僱的厄運」；就算在社會主義國家吃慣大鍋飯的老百姓，也在共產主義制度突然瓦解時，面臨不知下一頓在那裏的窘境。所以，做一名不受拘束的SOHO族，所面臨的風險不見得就大過一般朝九晚五的上班族，或穩穩當當的公務人員，重點是如何經營才能降低自己的風險度。在同行的競爭當中，「實力」相當重要，實力的累積必須靠自己，如果想要自己創業，加入企劃SOHO族的行列，那麼有關創業的基本條件以及相關知識，就必須花時間做功課，努力把它摸索清楚，創業的相關知識當然以保護自己的權益為第一優先考量。

# 第一節 法律的相關知識

## 合約的保障

「專業知識」是自己的籌碼，自己專業本身以外的「常識」是屬附加價值，附加價值累積得越多，幫助越大。若是在創業初期便遇到一些倒楣事，如「客户臨時毀約」、「企劃案進行到一半卻遭否決」，或者「工作完成卻收不到錢」時，要如何處理呢？最重要的當然是先保護自己，使自己的權益不致受損，但又不能太激烈，若得罪人，也許又斷了自己的客户來源，除非是抱著壯士斷腕的決心。英國的外交政策是【沒有永遠的朋友，沒有永遠的敵人，只有永遠的利益】，小時候，念西洋史都學過，英國是個貿易國家，做買賣講究的是「信用」，關係再緊密的合作夥伴，也得凡事白紙黑字寫得清清楚楚，只要合約一簽定，雙方按照合約內容行事，只要有一方違約，違約一方就必須付出法律上或財務上的代價，利用合約的約束力保護自己是方法之一。公司行號或大小企業都聘有法律顧問，以便出狀況時可以隨時處理，但是個人工作者比較缺乏這方面的保障，因此合約的簽訂更須小心行事才是。

合約的保護與執行可以劃分為自己本身所提出、製作、策劃的企劃案，和企劃案執行當中所需注意的合約問題，尤其當你自己不是簽約人時，更不清楚合約的內容，萬一有問題，事情就大條了。舉例來說，國內歌手巫啓賢跟他的前東家劉文正先生曾經因為歌曲版權的糾紛，而使巫啓賢最後賠錢解決問題。問題的起因是巫啓賢跳槽到新東家後，在沒有告知劉文正的情況下，卻在製作的新專輯裏放了一首他在劉文正公司期間內錄的一首歌。「著作權」就唱片這一部份可以分為「錄音著作」和「音樂著作」；什麼是「音樂著作」？就是「詞」、「曲」的著作權利，通常屬於詞曲作者，但是詞曲作者寫歌需要找機會發表，找機會也需要透過管道，知名度比較高的詞曲作者，唱片公司會主動邀歌，但是如果是創作詞曲的新人的話，透過「版權公司」來尋求機會發表不失為一個辦法，就算是當紅的詞曲作者也喜歡把作品交由版權公司處理，因為每年「年中」和「年終」(六月底和十二月底，這是常規)結算「版稅」時，自己不必傷腦筋，「版權公司」會把這些事情處理得很好，到時候只要等著通知「領錢」即可。國內專門代理詞曲的市場已經有許多人以專業的態度在經營，如「可登音樂經

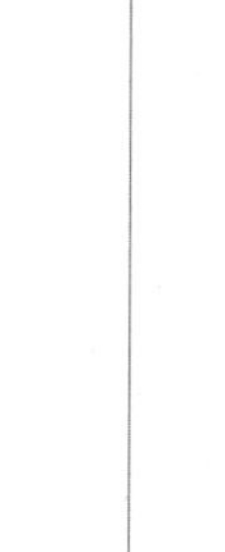

紀公司」，除此之外，尚有國際公司也逐漸看重這塊市場，美國「琦雅音樂公司」（PEERMUSIC），已於二、三年前介入，目前經營還算不錯，旗下代理的作者有藝壇才子「郭子」。

回歸到巫啓賢的案例，他沒有任何權利私自使用他過去在劉文正公司所錄製的歌曲，就算歌曲未曾發表過，就算他自己是詞曲作者也沒有權利，除非他把權利買回來。

當歌曲被錄製成聲音後，就產生錄音著作權，這項權利通常屬於花錢製作的唱片公司本身；如果歌者本身是詞曲作者，假設他／她沒有把詞曲權利賣給花錢製作的唱片公司，他／她當然有權利在新專輯裏使用自己創作的詞曲，不過不能使用原來舊有的錄音，必須重新錄製過，新產生的錄音著作權就屬於新簽約的唱片公司。假設你今天是一位唱片企劃SOHO族，這些常識都必須清楚，正如前面所提過的，唱片企劃如今也會介入唱片製作的某部份範圍，例如邀歌或找歌，如果這些權利使用範圍都不甚了解，屆時有了麻煩，誰要負責，唱片公司還是你？

再舉一個例子，知名模特兒范文芳小姐與國內「千姿模特兒」經紀公司簽約，由其代理范小姐整個演藝工作，合約尚未到期時，范小姐私自跑回新加坡接拍戲、拍廣告，「千姿模特兒」經紀公司理所當然要告范小姐違約，不按合約行事，幾經磋商，因對方握有合約，范小姐無奈認錯，最後也是由范小姐的新東家賠償了事。換個角度思考，如果你今天是廣告企劃SOHO族，當你策劃提案時，因對合作對象不甚了解，在提案中指名的模特兒，卻在工作交差後發現對方與其他公司有合約糾紛，就算事情過錯不在你，但不是也把自己搞得灰頭土臉嗎？

因此，當自己接下一項企劃案時，首先要把自己本身這一部份的合約範疇先擬出來。企劃SOHO族最優先需要考慮保護的是「時間」、「金錢」以及「名譽」，所以合約著重在「時間的製作」、「企劃費用」、「工作範圍」，以及客戶是否有權更改你的創意等（因為更改會牽涉到自己的專業和信譽）。接下來是企劃執行部份及合作對象的合約問題（如上述所提的例子），處在這樣的工作情況裏，最好事先弄清楚所有的合約問題，簽約時，如果不當心，合約可以保護你，也可以毀了你。

合約內容有許多專業術語，如果自己不是很清楚，最好能尋求律師的協助，交由他們處理。國人其實很怕上法院，多數人喜歡私下協議解決，但是無形中會有給對手有機可乘，例如乘機降低賠償費，或是縮小你的權利範圍；不過打官司也需要注意時間及金錢的耗損，所以徵詢律師的意見可以儘快獲得答案，頂多是花一筆顧問費。法律常識可以經由律師，當然也可以靠自己吸取；律師最好透過熟人介紹，找比較可靠一點的，美國人常開律師玩笑，說他們是「BLOOD SUCKER」(吸血鬼)，可以想像律師費並不便宜，若靠自己吸收，也只有靠自己平常有空時閱讀一些相關書籍、雜誌，現在市面上有很多這一類型的書可供參考，如果不想花大把金錢買相關書籍，位在中正紀念堂附近的中央圖書館也可提供相當多的資料。

## 第二節 企劃工作範圍的劃分

### 撇開人情的拜託

國人有一種習慣，要人情，要面子，很多話不敢或不好意思直接開口，弄到最後自己倒大楣。根據一位在傳播界做藝人經紀的個人經紀工作者小唐的經驗，他說他很怕，也很不願意幫他旗下之外的藝人接案子或處理問題，因為很多時候，他幫人接案子，都僅是在做之前，口頭上大家講好案子完成後，如何分配抽成，反正是朋友或曾經合作過，就憑一句話或過去的交情，他開始認真賣命的工作(這是他的工作態度)，不過弄到最後的代價常常是：「零」。有時候，還會碰到一些囉嗦的藝人，習慣性的留下一些爛攤子叫他收拾，這樣不愉快的經驗發生過幾次後，他終於領悟，在利益的邊緣上，有時連親情都很難顧到，更何況是朋友。

企劃的工作範圍跨越好幾個工作領域，根據琦雅音樂公司的內製製作人，也是歌手李玟

「顏色」的作曲者Andrew(朱敬然)表示，唱片企劃雖然很累，但有很多學習機會，據他以前在香港「滾石」旗下工作的經驗，身為企劃，他要負責替專輯定案、參與製作或剪接MTV、幫歌手找歌、談外面的合作計劃，而且遇到片子賣得不理想時，還會「淪為箭靶」，最慘的是工作常常「超時」，卻還不能「贏得諒解」，儘管如此，他還是很感謝這份工作，有了這段時間的訓練，他才能更上一層樓。但是以企劃SOHO族的立場來看，這裏有一個界線一定要弄清楚，當你附屬在唱片公司之下做事，領的是「固定薪水」，通常公司有多少事，你便需要做多少事，有時甚至更多；當你以「個人工作者」的身份接案子時，每一分每一秒都很寶貴，因此接一個案子，「費用」是多少，必須事先溝通清楚，當唱片公司額外要求多做一些事時，可以明確的表明自己的「立場」，需不需要「增加時間」完成工作，需不需要「多收取費用」，有沒有「額外的開銷」，沒有表態，通常等於「自動棄權」，等事後再咒罵，無濟於事。

接企劃案的行情視個人情況而定，有經驗的唱片企劃在幾年前接案子時，行情可以從幾萬塊到十一、二萬的都有。「身價」是依據個人的「能力」、「信譽」和「經驗」而有所不同，談判經驗比較豐富的唱片企劃可以談到以「比較高的費用」做「比較少的事」，最重要的是提供他／她的創意來主導整張專輯，使片子大賣。由於企劃職權範圍有時比較模糊，因此收多少費用，做多少事最好心裡先有個底，當然並非每個案子的行情都一個模式，有時得視公司的預算來決定，還有自己本身跟公司的交情、合作關係，甚至對藝人的想法，都有可能影響費用的標準，很多唱片公司會有固定合作的對象，尤其當唱片大賣時。所以，收費時保持一個「彈性」，也替自己留下更多的「後路」。

唱片企劃SOHO族接案子的來源有幾種：「透過同行裏的好朋友介紹」、「以過去的資歷，唱片公司或藝人直接找上門」，或者「合作過後，大家產生默契，繼續合作」。直接找上門的機會比較小，除非你的經歷像作詞者姚謙一樣，能幫李玟企劃一張賣了幾十萬張的專輯，藝人紅，你也跟著水漲船高，否則靠好朋友介紹或與客户繼續合作的機會最大。因此當你在執行企劃案時，與合作對象保持良好關係很重要，這中間會涉入的費用問題，當然越清楚越沒有困擾，不要因為價錢談不攏，使自己失去機會。所以，接企劃案時，先看看自己的能力，撇開人情壓力，該講清楚的就講清楚，如果無法做到，不要答應在先，衡量自己的「人力」、「時間」、「財力」，能做再接，一旦接下來，就算累垮了，也得把案子完成交出去，不要因為人情，什麼都答應，弄到最後精疲力盡，寧可「事前麻煩」，也不要「事後牽扯不清」。

進入企劃SOHO之門

## 備忘錄

# 第三節　財務管理與處理的常識

## 關於財務支出的管理

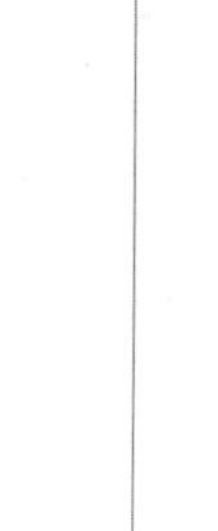

自由工作者有時很辛苦，好的時候很好，不好的時候沒有人知道，能多賺一分是一分，機會不能浪費，金錢更不能，但是有時候金錢就是會莫名其妙的浪費掉，問題出在自己不知如何管理。

怎樣管理才是最保險的呢？當然最傳統的辦法是賺的錢與花的錢分開處理，就像多數公司都有「會計」和「出納」，錢的進進出出，每一筆都很清楚。不過，讓一個企劃SOHO族在財務管理上做到像公司行號這麼精準，實在有點困難(錢賺得多可能忙得沒有時間管理，錢賺得少，實在也不必如此大費周章管理)，但是為了將來鴻圖大展著想，財務管理還是馬虎不得。在分配管理前，首先要把自己的基本管銷，確切的計算抓出來。基本的管銷有那些呢？以正常的經營方式來看，可能有「房租開銷」、「電話費」、「交通費用」、「文具用品」，企劃案執行過中所產生的費用，如「購買相關書報」、「大量影印費用」，甚至雇用「臨時工」的費用。這些費用的發生屬於「定期性」的支出，亦即固定要支出的，不過建議你在這些可能產生的支出中，再預留兩筆費用，一是「生財器具」的維修，以及交際雜費的開銷。

「生財器具」是吃飯的工具，一旦出了問題，常常會使自己動彈不得，如電腦當機，首先受影響的是工作進度，找人來修一定除了時間耗損外，重要的是金錢的損失。電腦除了會出問題之外，還有科技的進步，硬體跟軟體的更新，也使電腦常需要UP GRADE(加級)，硬體跟軟體向來所費不貲，這筆費用有時是看不見的。如果你是開車一族，一定清楚汽車修理費也不便宜，這種費用也不是每天發生，可是偶爾來一次，如果沒有預留這筆費用，鐵定受不了。再來思考交際雜費，談生意「互相請來請去」都是家常便飯的事，也不光是談生意，跟人維持互動時，偶爾也需要掏腰包，請人喝杯咖啡，吃塊茶點，人脈的累積需要一步一步持續進行(也許你請人喝十次咖啡，才得到一次幫忙，但是這些人脈不去拓展，就有可能什麼機會都沒有)，這筆費用，最好也能事先預估在內。另外還有一項最重要的費用是「保險費」或「健保費」。當你變成SOHO族，頓時失去公司的依靠，從前當員工所能享受的福利，轉眼間，全成為自己的責任跟負擔，更何況身體不是鐵打造的，只有天曉得什麼時候會生病，「醫療保險」可以應付自己的不時之需，這筆費用當然省不得。

預留這幾筆費用最簡單的做法是，在每次進帳時提撥幾個百分比單獨存起來，或者每次在支付開銷時，把這幾筆費用也算進去，例如每個月提撥五百元，當作是「生財器具」維修的費用，生財器具不會每個月都需要維修，把這筆錢固定存起來，半年一年以後，就是一筆整的數字，萬一真的需要用到時，就不用愁了。如果經濟狀況不允許自己買保險(建議你有能力時，最好還是找一個可靠的保險經紀人幫你規劃一份保單)，那麼「全民健保」一定要有，個人健保只需要到區公所辦理，一個月才幾百塊錢，有了健保，就當做是預防天冷感冒，咳嗽時看醫生時買自己一個安心吧！

## 關於財務進來的管理

扣除基本開銷後，就必須開始計算賺來的「錢」打算怎麼管理？由於SOHO族的收入

屬於不穩定型，「花無百日香，人無百日好」，工作成績再順利，偶爾還是會碰上度小月，因此如何打造金錢，利用「錢賺錢」，很重要！除了固定存起來之外，還可以試著經營小投資，例如，購買現在最熱門的「基金投資」；「基金投資」的好處是可以自己的經濟能力做考量，採取「小額」或「大額」的購買，方式可分為「定期定額」或整(單)筆買賣。在經濟不景氣的時後，多數的投資人會選擇保守的「基金投資」代替高利潤，高風險的「股票投資」，這對創業初期SOHO族來說，不妨視為一個簡單保守的投資開始。不過外面各式各樣的「基金投資」也分為很多種，最可靠穩當的做法是仔細過濾資料，隨時up date自己的資訊(有關基金投資，會在第十章理財這一部份做更深入的介紹)。

SOHO族是最近幾年在國內日益受到重視的工作生態，由於尚屬於萌芽階段，因此不管在工作上或法律上都沒有太多的保障，如何保護自己，還得靠自己的努力。但是不要因為失去公司的保護色彩，就不敢行事，人不會一直停在一成不變的階段，就算自己不想改變，時勢也會推著你改變，如何從創業初期再走進高峰期，又是另一個意義。今日的你，可能只是自己的老闆，但是幾年後，你也許會成為幾個人、幾十個人，甚至於幾百個人的老闆，當你做著這樣的美夢時，是不是又得更加努力為自己的將來鋪路。沒有人可以預料自己的能力跟潛力，但是當你的經驗越豐富，試過的方法越多，就越能掌握，「命」也許是註定的，「運氣」可就很難說，不去做，又怎能知道自己到底能走多遠呢？

進入企劃SOHO之門

備忘錄

# 第七章

# 如何為自己做短期／中期／長期的規劃

為自己的「未來」鎖定「目標」，「目標」確定了，就可施展你的本領，對準目標展開拳腳，然後等著「錢財」落入口袋。

會「花錢」還要有本事會「賺錢」，會「賺錢」也要有本事「操作金錢」，「賺了錢」更要知道如何「運用金錢」，否則淪為金錢的奴隸，又有什麼意義呢？當你開始經營自己的事業跟生活時，需要為自己擬定一條大計，人生有許多階段，為達到每個階段自己想要創造的成就感，你會時刻叮嚀自己，朝目標前進。但是，反過來說，如果你不清楚自己的目標在那裏，也不知道自己將來究竟要走向那一條路，又怎麼能明白自己到底走對還是走錯呢？等三、五年的時間一過去，才發現自己不知道在做什麼，下一個目標又不知道到底在哪裡，這時後悔就來不及啦！

為自己設定目標的另一個好處是檢視自己的成長，「留在原地就是退步」，如果設定好目標，在朝目標前進的途中，一旦發現路走偏了或步調錯誤，還可以隨時做修正。沒有目標，沒有方向，社會的步伐那麼匆忙，沒有人有時間停下來等你，等那天自己被人海淹沒，不知漂流到何方，才懊惱錯失契機，豈不是很悲哀。既然要訂定目標，不妨幫自己設定從「短期」、「中期」以及「長期」這三個階段來進行，就像股票市場的投資也分短線、中線以及長線一樣，這三段時間所要獲得的投資報酬率絕對不相等，選擇的投資對象也不相同，既然短線、中線、長線的佈局不同，那麼採取的做法也絕對不一樣，當你在擬定自己未來的方向時，也可以朝這樣的想法來實行。首先把藍圖規劃出來，藍圖就是idea，有了藍圖，再依照規劃的步驟，就可以開始執行的動作了。

# 第一節 如何做好短期規劃

## 初期的工作目標

SOHO族在剛開始創業的頭一年，其實最容易慘遭挫折的打擊，害怕退卻不敢前進，不能突破瓶頸，以致最後萌生退出SOHO族生涯的念頭；因此創業的頭一、二年最重要，做得平穩等於吃了一顆「定心丸」，對於接下來要走的路也就更具信心。要做得平穩，就先把藍圖畫好，鎖定目標，就算面對挫敗，起碼也不至於完全失去平衡。創業會面臨的困擾，其實各行各業都有，創業初期的短期規劃應該以「穩定事業」為首，再以「漸漸拓展」為輔，採雙向目標進行。

「穩定工作」首要是確定工作來源不斷，對一位專業企劃而言，他／她要顧慮的工作範圍會因為企劃案的不同而產生差異(唱片企劃和廣告企劃要著重的地方和創意的出發點絕對有差別)，雖然如此，專業企劃需要統籌的範圍還是很廣闊，儘管本身專業度不同，但以基本和技術層面來說，各行各業的專業企劃在工作上仍然有共通性和交集點；最主要的是具有「整合能力」，「整合」使整個案子從頭到尾達到一個連貫性，除了本身的「創意」、「專業知識」和「執行能力」外，最經濟的做法是利用外圍及周邊的人力與資源，甚至借助外圍的財力支援，使企劃案能夠徹底完成。下面為幾項「穩定工作」來源的作法。

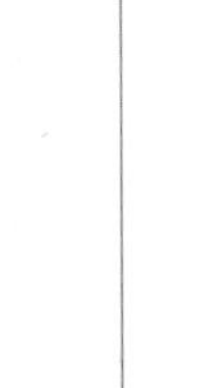

## 一、進度的掌握

有部份SOHO族認為一離開群體作業，便很容易放縱，如果你想要在工作上有斬獲，最好在生活作息上撇開「放縱」這兩個字。人是有情緒的，情緒會「利事」也會「誤事」，當

一個人處在情緒高昂的工作氛圍裏，完成企劃案的效率會比較高；反過來說，情緒長期處於低潮的狀況裏，工作成績大概也不太樂觀吧！所以，最好把從前群體作業的習慣改掉，不要認為反正還有他人可以互相協助，走進個人工作室，一定要學會控制自己的玩樂心，自我控制一旦淪喪，就像煞車突然失靈，就控制不了。況且做一名SOHO族是為了在工作時間以及工作範圍上有更大的自由選擇權，而不是養成怠惰心態，否則就失去做SOHO族的意義了。時間調配得當，除了幫助自己在工作進度上不會產生落差外，萬一遇到緊急狀況時，還可以及早補救，例如企劃案完成交到客户手裏時，如果客户不是很滿意，這中間需要雙方來回「商討」、「協調」，以及「修改」，假設這當中的時間沒有抓準，一來一往搞到最後，case一定會延誤，萬一簽訂的合約裏明訂企劃案沒有如期交差，視同違約，必須賠償，那麼這個案子不就白做了。

企劃案如期或提早完成的另一好處是可以把時間拿來善加利用，例如坐下來好好準備下一個case，或隨時補充子彈，如做大量的閱讀、吸收新的資訊、參加各項展覽活動，來幫助自己做創意的思考。如果時間和金錢允許的話，還可以計畫一趟短暫的旅遊，到處遊走充電，抑或是在忙碌之後，好好休息，補充體力。這些事情做起來很隨性，但若沒有完善的計畫，也可能白白糟蹋了寶貴的時光。工作進度的掌握，不但可以使自己在約定的時間內交差，更可以維持自己的工作品質；善用時間，便可以控制或提高生活品質，懂得安排生活，才會使自己活得快樂，有了穩定的情緒，才可以使自己在工作及生活上更加勝任。這些細節對生活都會產生連鎖反應，萬一有一個步驟失去平衡，就像骨牌效應，一倒等於全部垮掉，會直接影響到接下來的動作。

## 二、掌握工作負荷量的承受範圍

SOHO族因為人力的短缺，在創業初期雖然穩定工作很重要，但這段時期的「工作量」最好在個人能力能夠承接的範圍內，不要因為貪圖企劃案接得多、錢賺得快，就一味的接案子，尤其大公司的企劃案，萬一憑個人人力負荷不來時，可以不碰就不要碰。況且一般大公司的人事問題比較複雜，有時也不是一個容易應付的好差事，若不小心陰溝裡翻船，豈不自毀前程，建議你在這個階段以承接小公司的案子來穩定工作量，比較恰當。雖然小公司的案子也許預算不會太高，但是一來可能人事問題沒有那麼麻煩，再者小公司為求業績的成長，做事的心態自然不同，執行企劃案的配合度比較高，搞不好做起事來還順利一些，反正做事情不要分大小，以做好為最高原則。從前拿薪水的日子，老闆是財神爺，就算做事偶爾出些狀況，只要錯失不算太大，也還能保住飯碗，但是個人工作者的財神爺是客户，一旦有閃失，信譽被毀，可能就此被打入地牢，永無翻身之日了。「口碑」是互相傳來傳去的，有個客户抱怨，有可能導致自己艱辛建立起來的客户群全跑了，好不容易才建立的「口碑」要維持，必須步步為營，但是要毀壞，就只是那一瞬間。不貪心、不濫接案子、維持自己的工作品質，在能夠承受的工作範圍內，做好每件事情，有了口碑，有了行情，還怕接不到企劃案。

## 三、有始有終

剛開始創業，一上陣就抱定堅持到底的決心。由於初步的工作階段，有百分之百的工作量(也有可能超過百分之百)多數由自己承辦，心理壓力過大，容易造成情緒失調，也因心理因素而產生工作危機(遇到瓶頸，就認為自己做不下去了)，況且專業企劃的工作屬性多數跟「創意思考」有關，在公司體制的分工下，有些企劃專業人才只需出大腦，也就是有些人比較獨具創意，專門提供IDEA；但是有些人「整合能力」比較強，企劃案進行的過程當中，「執行」這一部份會是主要的工作範疇，公司是以個人專才來區分職權，能力適合在那一個部門，便分配到那一個部門。一旦跳脫體制，可能比較缺乏某一方面的工作經驗，在沒有人可以分擔工作的情形下，企劃案的製作，便是獨立作業，不管好與不好，喜歡或不喜歡，都必須單獨承受，雖然在承接案子時，自己有絕對的自主權，但是在執行的層面來說，等於完全失去選擇的權利，除非你有能力找一個助理，否則每一件大小不等的瑣碎事情都必須自行解決，不管是跑銀行、郵局、選角、開會、跑圖書館、找資料、打字、影印……，一旦投入處理這些瑣碎事，把心思用在創意思考的時間相對減縮，當企劃案完成後，可能自信心就被擊潰了，打退堂鼓的意念這時候很快的會侵入腦海，走不下去，只好考慮重投企業體的懷抱，這也是許多SOHO族在創業的頭一年，最常出現的困擾。

不過，夜深時分，關起門來自己想一想，當初執意出來自組工作室的決心跟理想是什

麼？只因為面對非常時期，無法克服，就輕言放棄，重回體制的好處曾經經歷過，自然很清楚(就是有大傘的保護)，但是缺失呢？過去曾經想要逃避的困擾，還是存在，換句話說，一樣的問題、一樣的煩惱、一樣的不快樂，原因是你改變不了體制以及工作環境，但是成為一名SOHO族，你卻可以改變自己，由自己掌握工作的方式。如果連最原始的理想，都可以放棄，那麼到任何一個工作環境，又有什麼差別？所以保持有始有終的工作態度，堅持走下去，才能夠幫助自己渡過創業初期的艱難，不到最後一刻絕不輕言回企業體制。願意辭去固定工作自組工作室，即肯定自己獨立作業的能力，一旦決定收攤，前面的努力不就白白浪費了。

建議你把「短期規劃」設定在剛創業的頭兩年，主要以打好創業基礎為主，幫自己設定目標，預設第一年的工作量將到達那一個點，再把第二年的目標提升至那一個標準；以下的「計畫表」可以協助你做規劃，以頭一年1～3個月(第一季)做範例，以此類推，自己預定一個目標出來，到年底再來一次總回顧。

（短期計畫表）

| 創業週期 | 預計每季的費用 | 工作計畫 | 目標 | 業績的創造 |
|---|---|---|---|---|
| 頭一年1～3個月（第一季）（範例） | 佔全部投資額（積蓄）的5% | 開拓業務期，承接企劃案以小case為主 | 至少承接一件以上的企劃案 | 收支達到平衡（不用再貼錢） |
| 頭一年3～6個月（第二季） | | | | |
| 頭一年6～9個月（第三季） | | | | |
| 頭一年9～12個月（第四季） | | | | |
| 年底總回顧 | | | | |
| 第二年1～3個月（第一季） | | | | |

| | | | | |
|---|---|---|---|---|
| 第二年3～6個月（第二季） | | | | |
| 第二年6～9個月（第三季） | | | | |
| 第二年9～12個月（第四季） | | | | |
| 年底總回顧 | | | | |

業務的開發有時憑「人脈」，有時靠「介紹」，但主要還是自己的「競爭能力」，當業務量無法提升時，要適時做「反省」，找出問題的「主因」，邊做邊摸索，力求成長；當業務量逐漸增加，經驗也越來越豐富時，這時就必須開始替自己做中期的規劃，人會隨著「環境的改變」而「改變」，有些改變是「自主」的，有些改變是「外來的情勢」所造成，抓對時機，隨著工作量「適時更動」自己的計畫，才能再創造新契機。

## 第二節 如何做好中期規劃

### 穩定中求成長

如果創業初期可以維持穩定，到了第二階段就必須在「穩定中求成長」。第二階段指的是創業以來，未來三年到五年內的發展。這時候的做法可以考慮整合外來的力量，業務範圍不再侷限於小公司的案子。因為人際的開發會隨著業務的發展，呈現正比例的成長，同時也有更多的機會接觸到各類型的專業人才，把這股競爭勢力整合起來，大家以合作的方式共同開發新客户，在利益上雖然一起分享，但是朝另一個角度來看，大家可以一起爭取大公司的案子，不用擔心人力短缺的問題；再者，大家可以共同交換心得，有機會朝跨業發展。創意有時也需要互相激盪，一組team在籌劃一件case時，總是精細過一個人的思考運作。

中期規劃雖然可以朝組「team work」(也就是幾個持相同理想的工作夥伴，一起創造事業)的方向邁進，但是team work有那些事項需要注意的呢？如果以小型公司來看，經營小公

司的「利與弊」都可能在這個階段出現，假設你是以開設自己公司做為長期目標，那麼不妨把team work當做是未來公司的雛型，中期目標既是在穩定中求發展，那麼過去以個人喜好來接案子的方式，就必須做一個調整，這時候也是努力尋求「財務成長」的階段。到底team work可能會出現那些問題呢？下面的幾項因素可以做為參考。

## 一、創意的衝突

人是有思想的動物，工作一旦有強烈的個人想法，溝通便成為問題，搞創意的人，「主觀意識」比較強烈，而且情緒多數細膩敏銳，如果一組TEAM有好幾個人，每個人都堅持用自己的創意，那絕對會天下大亂，在案子還沒完成時，可能已經吵得天翻地覆，如果不能在這樣的情況下找出解決之道，損失有多大，就沒個數了。在工作的場所裏，創意的衝突，一定會面對，尤其是有了自己的公司以後，身為老闆，有沒有協調能力，如果你的答案是不肯定的，剛好可以利用這個階段來訓練自己。

## 二、人事的糾紛

人多好辦事，但人多也嘴雜，事情有越多人介入，就越容易產生人事問題，除了「創意」的衝突，還有「用人」的衝突，也是無法避免的。在大家尚未合作之前，都可能有自己互相往來的合作對象，已經習慣自己的做事方法，當大家都堅持用自己人時，事情也難辦成。習慣是「時間」養成的，相對的，面對不曾合作過的夥伴，也需要「時間」去適應。必要時，可能要求自己的步調加快，做事情當然講求效率，跟什麼對象合作，最好能及早適應，「人事糾紛」若無法避免，解決之道就是早日培養「合作默契」，否則，只有一條路可走，趁早解散team work。能夠解決當然是最上乘的辦法，想想看，如果連訂飯盒這檔事，大家都要爭論的話，其他方面就更別談了。

## 三、利益分配不均

「利益」的分配不均也很容易導致工作裂痕，「親兄弟，明算帳」，更何況是「工作夥伴」；在個人作業階段，比較沒有這方面的困擾，組team work，免不了會有這樣的情形出

現，大部份的人在工作時，都有可能不自覺的認為自己是最辛苦，出力最多的那個勤奮者，理所當然應該得到最多。因此，「利益的分配」必須在合作之初就講清楚，其中包括「工作範圍」在內。劃分清楚的優點是在自己的工作範圍內，做好自己該做的事情，但是當夥伴負荷不了時，也不能「袖手旁觀」，重點是「完成」整個企劃案的工作，誰做多做少，有時也不能太論斤論兩的計較。

## 四、管理的爭議

team work 裏的每個人難免會出現以「老闆」的姿態自居，就算不是老闆，起碼大家的地位都相等，當溝通出現問題時，可能會有「你憑什麼做決定」之類的想法出現。雖然是無心之過，不過也可能演變成共事上的「一場風暴」。「管理」一定會介入「權限」的問題，誰應該管得多，會成為爭議。但問題是誰都不愛被管，尤其是SOHO族，因此學會「自我克制」可以降低這方面的困擾。「管理」其實是一門大學問，對於即將跨入第三階段的長期規劃，「管理」得視為另一個學習要務，做為一名好的管理者，創意跟行政工作必須互相配

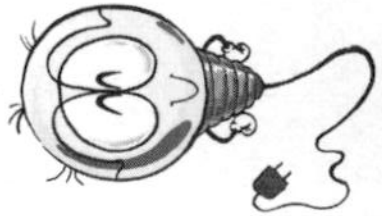



合，而且只懂創意，不懂行政，將來會成為管理上的一大缺失。

下列為中期計劃表，可以比照短期計劃表的模式，給自己訂一個目標。由於未來情勢難以預料，創業週期不再以「季」來擬定，而改為「年度」計畫。

**〈中期計畫表〉**

| 創業週期 | 預計年度費用 | 工作計畫 | 目標 | 業績的創造 |
|---|---|---|---|---|
| 第三年 | 以不超過總收入的百分之幾為原則 | 組team work，嘗試承接大公司和高預算的企劃案 | 朝三到五人的小型工作室前進，解決人力問題 | 為未來自組公司的投資金額努力 |
| 第四年 | | | | |

| | | | | |
|---|---|---|---|---|
| 第五年 | | | | |
| 總目標 | | | | |

組「team work」雖然不至於太難，但人多總是有意見不合的時候，除了能「兼容並蓄，截長補短」外，最主要的還是大家的「共識」能否一致，如果你可以接受team work，這時候難免要犧牲一些自己的想法，試著跟大家達成「協議」，堅持「自我」只能永遠停留在「個人工作室」的格局，況且這些一同走過開創之路的夥伴，在未來如果各自有公司時，還是有繼續合作，做支援的機會。

## 第三節 如何做好長期規劃

### 朝自組公司前進

一般說來，「自由工作者」多數不會永遠停留在個人工作室的模式裏，SOHO族走到最後的發展有兩種可能性，一是重新投入職業戰場，一是成立公司。會走回企業體制，大部份的原因是個人發展情況不佳，工作負荷量過重，或是行政管理問題無法克服。自組公司本來就是許多SOHO族的夢，有了自己的公司，不管是為錢、為名，還是為理想，總是因為做了老闆，才有機會朝夢想前進。會做「長期規劃」表示在內心已經想得非常清楚，未來絕對會以成立公司為目標，因為如果只想保持輕鬆愜意的日子，大可不必費周章的做規劃，只需維持穩定的工作量即可。「長期規劃」通常指的是未來五年到十年內的遠程計畫，個人工作者在安然度過剛開始艱辛的創業期後，會漸漸面臨許多現實層面的問題，例如自己的定位、業績的成長度、維持競爭優勢、補充人力資源、穩定財務收支等，有些問題可以利用個人能力解決，但是有些問題，卻得集合眾人的力量，自組公司當然是最終目標。

多數的SOHO族會希望在奮鬥一段時間之後，能夠擁有一家屬於自己的公司，而這段時間通常是指開創事業後的五、六年之間，如果過了「十年」，依舊還是「孤軍奮鬥」的場面，沒有進步，也沒有發展，漸漸會被新崛起的環境生態所取代，所以，長期規劃可以鎖定在未來的十年內，完成自己訂出的目標。雖然未來很遙遠，但不去思考，就不會弄清楚那一個環節或步驟最容易出問題，長期規劃也有它的難處，以下是一般最常遇到的困難。

## 一、資金短絀

自組公司後，只要想想從前在企業體下會碰到的困擾，如「挫敗」、「人事」、「管理」等這些問題又會重新面對，只不過你的角色已經改變，由替別人做事變成經營者，遇到「財務」危機，你無法再袖手旁觀看老闆解決了。「財務」是個大問題，當公司的財務狀況穩定時，可以在比較有利的情況下(如充裕的時間和資金)，慢慢解決問題；萬一公司是在東摳西儉的情形下，苦苦經營，可有想過能撐多久呢？在經濟不景氣時，很多大企業碰到財務困難，說倒就倒，撐不下去，更何況是財力不穩的小公司呢？所以，在長期規劃當中，「穩定財庫」必須列入第一要務。

## 二、鬥志常存

「鬥志」是自己很重要的精神夥伴，在惡劣的環境下，一旦失去，就等於等著失敗。喪失競爭力，簡潔的說就是放棄自己前面走的路，前功盡棄。SOHO族有成功，而且是很成功的例子，如「靚菡工作室」的負責人張靚菡女士，從開始的一個工作室到目前擁有三個工作室，而且三個工作室「分工精細」，所以，她不用付出額外的「時間」跟「精力」來做管理的事宜，自己也可以維持做一名快樂SOHO族的理想。但是也有很多人在SOHO的世界裡浮游不定，中途退出的例子，要想走出自己的一片天，必須具有國父革命的精神，保持鬥志，堅持的走下去。

## 三、維持專業水平

社會環境的改變速度相當快，尤其在電子資訊科技日益發達的今天，人類不僅快要被發展迅速的資訊淹沒，而且因為資訊的流通步伐太快，很多今日訊息，到了明天可能就變成junk(垃圾)，毫無用處了。忙碌，不停的忙碌已經成為現代人不再上進的理由之一，因為忙，所以沒有時間學習，説得冠冕堂皇，其實真正耽誤的是自己。面對競爭激烈的工作環境，你的「專業程度」是客户可以信任、依靠的因素，當「專業度」不再成為自己的競爭工具，公司業績的提升要依附在那裡？身為老闆，自己都不夠專業，説句老實話，有一天被篡位了，搞不好，自己還莫名其妙呢！隨時隨地為自己規劃成長的「空間」跟「時間」，當公司的發電機開始起動，努力往前跑時，自己也必須跟著跑，專業不會一成不變，唯有跟著科技一起前進，才能永續經營。

相信「規劃」很重要，但是規劃不一定代表「成功」或「成就」，有的人很會規劃，但是到頭來還是一事無成，為什麼？因為規劃只是紙上談兵，適不適用還得等到做了之後，才能驗出成果，「執行」等於在檢視自己的錯誤，方向不對，可以適時做調整。藍圖都可以按照自己的想法畫出來，不過有誰能保證好的藍圖就一定可以蓋出完美無缺的房子，不管你想要什麼樣的未來，都必須付出時間努力，能走過第一年，就有機會可以走過第二年，當經驗累積越豐富，處理事情的能力越成熟，還可以再往第三年，第四年走下去，直到你的內心告訴自己，我終於追到了自己的夢，可以再朝另一個前景邁進了。慾望永遠滿足不了，但是填滿慾望的理由，一如做一名SOHO族的最後目標，只有自己最清楚。

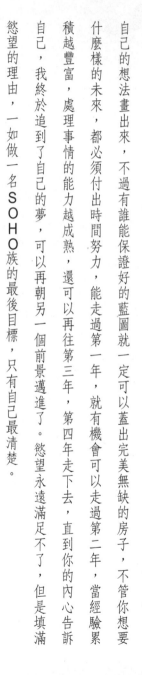

# 第八章

# 自由工作者如何面對可能遭遇的挫折

沒有「壓力」，就不會了解什麼叫做「無憂無慮」；頭痛醫頭，腳痛醫腳，如果你清楚自己的壓力是從那個地方「產生」，那麼就從那個地方「下手」，把它除掉。

有人說九〇年代的上班族喜歡縱情於聲色享受，有部份原因是因為「工作壓力」太大所造成的。走進書店，一眼望去，有關心靈指引、心靈解救的書還真不少，這些書籍的銷售成績不差，可見現代人需要「被拯救」的彷彿還滿多的。不管是「工作上」、「感情上」，甚至於「生活上」遇到挫折的經驗，相信很多人都「親身感受」過，如何擺脫這些造成情緒低落的困擾，在跨入另一個世紀前，卻是所有工作族群必須學習的一大課題。

## 第一節　SOHO族通常會面臨的困擾

翻開報紙或打開電視新聞，幾乎天天都會看到或聽到，有人被情所困，走上絕路，被病痛纏身，也以了結自己做解脫，有人因失業、積欠債務，也同樣選擇走上不歸路。前幾年在美國出了好幾件重大的社會案件，其中，有幾件社會案件是因為犯罪者突然遭遇失業，憤而拿槍掃射無辜百姓。這些人的行徑當然不可饒恕，但同時也帶來另一個問題。情緒失常誰沒有過，一旦有問題最好能即時尋求解決辦法。做事情都會有困擾，所以能夠心平氣和解決問題，才是真正有勇氣的人。做老闆有煩惱，上班族有困擾，做SOHO族當然也難逃此劫，究竟SOHO族會碰上那些挫折或煩惱呢？

SOHO族會遇上的麻煩事，大約可以分成下列幾項大事件，有「工作」、「財務」、「情緒」、「家庭」、「人際」，以及「感情」等，到底那些困擾比較嚴重，得視個人情況而定；不過，光是從這幾項來看，幾乎人生會遇上的幾件大事都含括在內了，所以事情很重大。以這些事情的先後次序來說，當然還是先解決工作問題比較要緊，人就圖溫飽，溫飽這檔大事，可以順利進行，沒有煩惱，自然可以有精力去想其他的事了。

# 第二節 危機和轉機

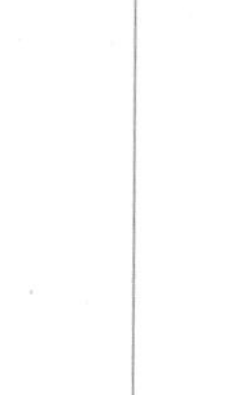

## 工作危機

在工作上，SOHO族最害怕或碰上的問題是，企劃案的進行不穩定或工作效益不如預期、客户流失、業績成長速度遲緩；或者在企劃案的製作上失去創意，無法創造新的意念或想法，這也會使一個創作者感到煩心。正如企劃SOHO族宋天豪所説的，當他寫不出歌詞時，會有種無力感，甚至有種欲哭無淚的惶恐，不曉得自己接下來應該怎麼辦？遇到這種窘狀，他會立刻起了想逃離的念頭，這種逃避方式當然無法解決問題，所以最後他還是會留下來想辦法克服。其他專業SOHO族，如從事文案創作或設計工作的人，也會有類似的經歷；文字創作的人怕自己寫疲了，寫出來的文案成為公式，風格一成不變，每一篇都長得一模一樣，連自己讀了也會為之氣結。從事設計的人也害怕自己的圖稿沒有創意，比小學生的想像力還差，又怎麼對客户交代。這些在創作上會遇到的瓶頸，有可能帶來連鎖反應，好比創作不出來，耽擱交企劃案時間，如果這種狀況只是偶發事件，一次、兩次，客户也許還可以通融，但幾次下來，信用破產，還有誰會再找你合作，很快的客户便一一棄你而去，搞到最後自己洩了氣，經營不下去了。有沒有辦法挽救？有，當然有，看看過來人怎麼說。

## 工作轉機

有危機就有轉機，很多事情其實是相對的，應付工作上的瓶頸或挫敗感的辦法是，依照自己能夠負荷的工作壓力來接企劃案，再利用自己的最佳狀態來完成工作，不拖延案子，不敷衍了事，讓客户對自己的能力跟信用讚「好」，有了這些無形的信譽資產，就能提升自己的競爭能力；即使工作量雖不至於龐大得嚇人，起碼還可以維持穩定。當工作負荷量不會太沉重時，還可以隨時抽出時間充電、思考，想一些創意的新玩意，減緩心裏壓力，這些都是良性循環。有些績效短期內看不出來，需要一些時間，給自己一段時間摸索，成長，很快的，便可以看出成果跟差異。

## 財務危機

「財務危機」會面對的困擾多數屬於做了事拿不到錢，或是工作績效呈現負成長，收入頓時陷入重圍，不知如何突破。但是這種慘狀也不是只有ＳＯＨＯ族才會遇到，銀行也有收不回來的呆帳，企業家也有遇到跳票的時候，生意人也會碰上欠錢不還的，所以犯不著被嚇得不知所措。如果你是單身ＳＯＨＯ族那還好辦，反正一人飽等於全家飽；不幸的，如果你是有家累的ＳＯＨＯ族，可能比較緊張，因為張開眼最少還有嗷嗷待哺的嘴巴張著，等著進食，這種雙重壓力更沉重，所以防範措施越顯得重要了。

## 財務轉機

生財之道人人有，討債之道那可就不是一般人都能融會貫通的差事了。有些ＳＯＨＯ族為預防不可未知的「錢」途發生重大變故，在接企劃案之前除了講定價錢之外，還會事先收

取一半的費用，等交差時再收取剩下的另一半。有些人則採簽約方式，簽了約後有法律做後盾，總是有辦法搞定。另一個辦法是分階段式的進行，做三分之一的事情，收三分之一的費用，一切以事情的進度發展，收取均等比例的費用，照此模式類推，這個辦法看似麻煩，但是對合作雙方來說，卻是最有保障，最有效益的。國人做事喜歡講人情，常常事情做了一半，突然一個人情壓力壓榨下來，腦袋頓時一片空，這個辦法剛好可以讓彼此信得過，感覺上還比較人性。但是風險也不是沒有，最好跟對方的合作關係已經到達某種程度，彼此確立沒有問題才好，否則還是會搞出一團無法收拾的爛攤子。

## 家庭危機

家庭會引發危機通常是因為大家相聚時間不多，缺乏關心，減少溝通所引起。這樣的問題，可能誰都無法避免，不管是單身或結了婚的SOHO族，最好能把危機意識隨時放在心裏，以免出了差錯，自己還懵懵懂懂的，不知道真正原因為何。家庭會面對的危機通常是因為工作時間的衝突，家人相處時間太短，忙碌的生活造成彼此的距離。人是有感情的動物，相聚是連繫感情的原動力，常常見不到面當然會疏遠，就連朋友也是如此，catch up(彼此了解近況)很有必要。家庭會面臨的另一個問題是收入不穩定、經濟情況不好，這也會間接影響家庭的和諧，生活本來就是殘酷的，家庭要安定，要靠很多因素維持，經濟是其中之一，家裏情況如果亂七八糟，也會影響自己的工作心情。

## 家庭轉機

解決家庭危機需要靠家庭每個成員的努力，還有什麼比奉獻更多的「關心」和「愛」來增進彼此的親密感更有效益的辦法。「時間」的衝突，有時候比較難調度，但SOHO族對時間的掌握，本來就有比較寬裕的權限，可是因為跟多數正常上下班的家庭成員不同，所以，只好考慮在周末時儘量不接工作，反正身體本來也需要休息，利用周末，大家一起做平常沒有機會做的事情，例如逛書店，一來可以順便找一些材料(似乎還是在工作)，或看看最近

流行的訊息，還可以到五星級的飯店喝個下午茶，現在下午茶的點心簡直花樣百出，偶爾大方一下，適度的享受生活，放鬆心情一下。户外的活動也有很多選擇，有需要花錢的，也有完全免費的，例如到故宮博物院看看難得展出的世界級大師畢卡索與張大千的畫作，也可以到陽明山賞花，到處走走看看，就看自己如何安排了。至於收入問題，這對已婚夫婦來說可能比較嚴肅一些，最好的辦法是事前溝通，雙方都介入問題核心，共同商討，共同解決，當彼此有共識，這些危機問題也就不是問題了。

## 人際危機

看看曾經在中國大陸做生意的台商，尤其那些在大陸市場開放初期便早早投入的，一定有許多「寶貴」跟「慘痛」的經驗可以分享；在大陸，做生意講的是「connection」，以狹隘的定義來說，「connection」可以解釋為「關係」，到主要關口若沒有「關係」到那兒都走不通。相對的，在台灣講究的「connection」其實是指「人際關係」，人際的拓展對生意有著可以預期的正面效果。在「人際關係」法則裏最重要的是預防破壞，例如競爭者的從中作梗，還有自己的疏忽，如延誤工作、言行不當等。「人際關係」其實也滿難維持的，做事情的過程當中，一定會產生利益輸送，當利益分享不均衡時，很多後遺症就跟著發生了，這中間的拿捏其實還是滿巧妙的。

## 人際轉機

化解「人際關係」危機的最基本法則可能屬「誠信待人」了。你若不喜歡被騙，將心比心，客户也不喜歡被騙，已經說好的事情最好能秉持原則去做，如果遇到無所不用奇計的競爭對手，也毋須太緊張，因為有「實力」的人，走到哪裏都有「機會」，就算有人從中破壞，事情總是會走到水落石出這一面。不過，拓展人際需要主動出擊，最好在平常就多跟人保持聯絡，每逢生日、聖誕或過年時，寄一張小小卡片問候，或是有空閒時，登門造訪，交換一些訊息，都是很誠懇的社交方式，很多生意不會無緣無故從天而降，「主動出擊」、「積極進取」是現代人做事的另一種風格。

## 感情危機

感情的事，旁人愛莫能助，一旦有了感情危機，工作情緒會開始受影響，情況嚴重時，連前途也會賠進去。根據部份SOHO族過往的經驗，有些人原來鬥志高昂，興致勃勃的準備大展拳腳，打算進行一場創業的美夢，很不幸的，就在此刻遇上感情受創，從此跌入深淵，從頭再來一次，機會有多少？就算有，需要花多少時間，端看復原的程度。感情危機通常有很多因素造成，SOHO族比較容易將工作和娛樂同時混在一起，很多SOHO族都利用聚餐的機會，跟朋友或客户把合作的工作細節一併解決，但是這兩種情況，還是必須分開處理，吃飯時工作，工作時還是工作，那麼約會的時間擺在那裏？尤其當自己的男／女朋友不是SOHO族，而是上班族時，平常上班的日子，本來就需要工作，如果假日休息時，又要陪著你工作，長期下來誰都無法忍受。感情的處理不是人人都很得當，處理不好就很糟糕，尤其現在的人似乎比較缺乏「分手」的美學，因分手的「EQ」修得不好，而引起一連串的社會問題，難怪心理學家和學者都在大聲疾呼，要分手的愛人同志們，先試著控制一下自己分手的「EQ」。

## 感情轉機

「感情」的維護在於雙方的參與感，如果能讓對方感受或了解你的工作情形，或多或少都有助於提升彼此的信任感。感情本來就屬於個人隱私的問題，九〇年代的速食愛情，並不見得適用在每個追求「自由」的靈魂，有些人談感情是做為決定婚姻的前哨，有的人是為了尋找理想相同的伴侶，有的人是需要愛人或被愛，不管尋求感情的動機是什麼，最重要的是你愛，所以你珍惜。

由於SOHO族跟一般上班族在工作時間、工作形式上都有很大的差異，常常需要適應不同的環境，或面對不同的族群，或許會感到疲倦，當疲於奔波或應付時，或許會心灰意

冷；當成績不如預估，進展不是很理想時，或許會想放棄並覺得前途一片黑暗。但是反過來想，成為一名SOHO族，能夠擁有的權利、知識、機會，接觸到的行業、人群，甚至於前途的創造，都可能高於一般穩定的上班族，這些奮鬥過程中的經驗，都會成為人生旅途中的真實財富，而這些財富是他人無法掠奪走的。給自己一次機會，挫敗了又怎麼樣，至少還可以得意的說，「起碼我做過了，也領略過什麼是SOHO族過的生活」。

# 備忘錄

# 第九章

# 如何保持最佳狀態

模特兒要維持風一吹就倒的瘦弱身材，需要「持之以恆」的耐力；相對的，SOHO族要保持最佳狀態，也需要自己在各方面能有「持之以恆」的配合。

「健康就是財富」，雖然這句話已經被使用得氾濫成災，但是絕對有它被使用的理由。人一旦重獲自由，最怕濫用自由，不知節制的放任自己去做任何想做的事情，尤其SOHO族，多數是不愛受約束的自由追求者，不管是在「工作」上，或是「生活」上，尤其在「思想」上，也多數是「浪漫感性」的，這種習慣自己工作方式的族群，要把生活變成一套模式，讓他們中規中矩的按照模式來過活，是有些困難；但是，在某種程度上，最好還是給自己一些自我約束，「習慣」很容易養成，「壞習慣」一旦養成，也不容易做修正。強調「自我約束」，是因為SOHO族在創業初期，會有一段辛苦路要走，只有保持最佳狀態，使自己精力旺盛，才能對未來要走的路更加充滿信心。

## 第一節 要有永續經營的精神

SOHO族雖處於個人工作者的狀態，但是也可以當做一個「個人公司」來經營，既然是個人公司，就要有「永續經營」的眼光，「保存實力」，可以應付任何的非常時期。曾經有

一篇報告是講一位企業家對員工的訓話，企業家說：「一個公司突然在短短時間內經營得非常成功，不算什麼，最重要的是它能夠持續經營下去，並且做得非常好，那才算成功；一個根基扎得很結實的公司，可以面對各種不同危機，包括市場的經濟不景氣。當市場越不景氣時，每個企劃提案，都需要更仔細觀察，考慮風險，如何在劣勢裏保存實力，這個公司才能在競爭者當中脱穎而出」。其實台灣也有不少的實業家，公司本身的資產就有幾十億台幣，公司的營收在短短三、四年內，就賺了幾億台幣；但是，這些公司也可以在一日間就因為跳票而宣佈倒閉。當「決策者」的判斷出了問題，這種慘痛就可能發生，當你成為SOHO族，你就是自己的老闆，個人前途的決策者，你的未來能不能從此一帆風順，跟你的決定有相當程度的關係。

## 保存實力

沒有人可以有十足把握的説自己是「超人」、「不倒翁」，或「東方不敗」，永遠打不倒。

但是，有實力的人，經得起長期作戰，就算在逆境中也不怕受影響，總是能在夾縫中殺出一條路，繼續走下去。就如SOHO族「姚黛瑞」所說的，「SOHO族如果把自己的工作失敗歸咎於『經濟不景氣』，是很不負責任的說法，因為在不景氣當中，也有經營得很成功的SOHO族」。這些成功的經營者憑藉的又是什麼？「實力」其實是最好的武器。除了「實力」以外，「戰鬥心」也不能喪失，鬥志來自本身的信心，信心則緣自實力，這兩者原來就是相對的，會被景氣打倒的SOHO族，多數是本身已經失去跟環境對抗的信心，在心態上先洩了氣，在氣勢上也無法跟競爭者相抗衡，當然很快的會被「市場」以及「對手」打敗。

「保存實力」其實可以分為兩個方向進行，一是指對「專業訓練」的實力維持，一是指對「身體體力」的維護(會在下一個單元深入探討)。多數的SOHO族是在公司體制下累積一段工作經驗後，再轉向個人工作者的形式發展，「專業訓練」的持續成長是專業企劃SOHO族的一種自我認知，但是SOHO族多數都是已經離開學校一段時間了，再回學校上課也有一點困難，如何在不影響工作的情形下學習，也是一個難題。不過，「網路大學ZDU」和「EMBA」等學習方式，都可以列入考慮。

「網路大學ZDU」，其實是一所設立在美國的虛擬網路大學，不具法律效力，但是對於從事網路企劃SOHO族而言，這可是一個針對網路專業知識而設立的學習網站，它也像一般大學一樣需要註冊才能成為正式學員，而且因為每次上課都需要「登錄」(login)，一旦缺席，馬上會被發現，這個虛擬網路大學提供的課程有「程式設計」、「網站管理」、「美術設計」、「資料庫設計與管理」、「網路商務」，如果你不是很確定這些課程是你所需要的，還可以免費試聽一個禮拜。網路未來的發展，備受企業界與專業人才看好，想要在網路上尋求商機，這也是個機會，何況網路的經營方式非常適合企劃SOHO族發展，關於「網路大學ZDU」的詳細資料可以上網查詢，網址為：http://www.zdu.com。

至於「EMBA」的課程，多數是為高階層管理人員設立，這種學習課程一般人多數不熟悉，如果真的有興趣，建議你多詢問各方資料，據聞空中大學也在考慮開「EMBA」課程。

## 第二節 維護體力與實力

聽老一輩的人說，「身體要照顧好，才能賺大錢」。老人家的話很直接，但是並不膚淺。有了財富，沒有身體去享受，這就不算福氣了。台灣人跟日本人一樣，特別喜歡在尋歡場所談生意，很多時候，為了接企劃案得陪客户吃吃喝喝，想拒絕又怕失去機會，或者又因為求好心切，拚了老命盡全力做，搞到最後身體大嘆吃不消，這樣的做法絕對不明智。俗諺說「留得青山在，不怕沒柴燒」，身體照顧好了，還怕沒有競爭機會。其實維護一個健康的身體並不難，除了三餐要正常外，最主要的是運動。運動幾乎已經成為近幾年的全民話題，醫生也經常呼籲民眾要持續簡單的運動，不過住在高樓大廈林立、人群擁擠的都市叢林裏，實在很難有機會像馬英九一樣隨時到外面慢跑或做其他運動，頂多也只能利用假日時間到郊外實行難得的「運動大計」。這樣固然是一個方法，但運動不在於場地的限制，在家裏做簡單的體操也具有一樣的效果，再說運動之後，流汗的感覺可以排除壓力或是釋放情緒。

## 保持身體健康

在美國，最流行的運動是到健身房，利用運動器材來鍛鍊身體；選擇健身房是因為運動器材設備多，可以鍛鍊身體的不同部位，除此外，還有機會結交不同領域的朋友，為自己帶來工作機會也說不定。有些高層的管理人員會選擇健身房來談生意，一邊鍛鍊身體，一邊談生意，一下子就解決兩件事情。SOHO族對環境的敏銳度應該比一般人高，隨時隨地觀察身處的環境，任何場所都可能隱藏工作機會，重點在於自己是否有能力，把它挖掘出來，就像開發業務一樣，不能老是坐在家裏等待機會之神蒞臨，要有主動出擊的冒險心。到健身房運動的另一個好處是可以「發洩情緒」。有心理學家建議當情緒處於低潮，又找不到方式可以宣洩出來時，「運動」不失為一個好方法。人的情緒最怕囤積，長期下來容易引發「憂鬱症」，尤其SOHO族，多數屬於單打獨鬥的個人作業，有時會比較難找到在工作上可以傾訴的搭檔，剛好可以藉著運動，對身體以及心理做適當的調適。

其他的上班族和SOHO族也會面對的症狀有腰酸背痛、腸胃病、肩膀酸痛、食慾不好；如果有機會到中醫診所打聽打聽，不難發現很多上班族因為長期面對電腦作業而引發肩膀及腰部酸痛等職業病，這種職業病對不愛運動或不常有機會運動的SOHO族來說，特別容易纏身。醫生對這樣的病痛通常是建議改良不正確的坐姿，最好不要坐在電腦前持續幾個小時不動，不僅容易造成血液循環不好，視力也會大受影響，甚至於導致消化不良，引起便秘、肌肉酸痛等問題。身體是自己的，就算不為前途著想，只為「健康」兩個字都值得付出時間，努力把身體照顧好。

# 第三節 如何持續開發創意

## 創意的創造

如果說SOHO族需要行銷整合的概念，那麼創意的創造絕對不能缺乏，仔細觀察國內著名的行銷專家詹宏志先生的話，他早在一九八六年時便提出創意的訓練，更為此寫了《創意人》這本書，此書一上市，幾乎成為當時企劃人員或從事創作專業人士的隨身手冊。如果你是靠賣你的idea或企劃案來贏取競爭優勢，憑什麼你的創意會受到客户的青睞，把生意從競爭者手裏搶走呢？專業企劃需要有新鮮的創意概念，才能夠提出不同的方案，達到銷售企劃案的目的。創意不是渾然天成的，它也可以藉由後天的訓練，不斷挖掘出自己內在蘊藏的奇特想法，把這些想法隨時記錄下來，以備不時之需。創意其實隱藏在日常生活中，要看自己有沒有花心思去注意培養。

創意在沒有變成實際的企劃案之前，是毫無用處的，所以巧思人人有，但是不是符合需求還得經過一番研究。「創意」跟「專業知識」的不同點在於，「專業知識」是執行企劃案的工具，但是工具用久了總是會鈍、會生銹，「自我提升」就是時時磨練工具的使用技巧。常常聽到在職場奮鬥一段時間的上班族說「好累哦，好像被掏空，需要離開一段時間充充電……」，充電就是「自我提升」的方式之一，也是讓大腦和精神沉澱休息的好機會。但是「創意」不需要刻意去學校上課，或是躲到無人的小島才能產生，不光是企劃人員，任何人都可能產生各種創意，但是創意會曇花一現，隨身攜帶一本小冊子，隨時記下自己的想法，可免創意流失掉。

創意的自我訓練，市面上其實有各式各樣的書籍可以參考，但是就實行本身而言，最主要還是在於自己，別忘了對企劃SOHO族來說，「創意」的最終目的是付諸行動。把idea隨手記下來，只要你還在這個崗位上奮鬥，終有可能派上用場的一天。

# 第四節 如何維持財務實力

想要永遠處在備戰狀態下，亦即是「永續經營」，「錢」可少不了，很多SOHO族在最後又走回職場的原因是「沒有錢，活不下去」。這種現象以初次踏進SOHO族行列的年輕成員居多，他們可能在這個職場裏已經進進出出好幾回，可是依然做不好。建議你如果缺乏穩定性，就不要太牽強的走進SOHO生涯。現在的社會，一踏出門外，到處是「利誘」，若無定性，很快會被物質或其他誘惑所淹沒。

## 降低花錢的慾望

當生意接得越來越多，企劃案越接越大，最後一定會跳脫「孤軍奮鬥」的作法，尋求外援。解決人力問題的方法不外乎跟人共同組成一個team或是增加人手，人手一增加，人事管銷一定會提高，這些費用都可能成為自己日後的負擔。生意做不完時，當然不用擔心管銷開支的提高，萬一沒有生意或做不好時，又得準備一筆金額來應付。「僱用人」跟「解僱人」一樣都很麻煩，尤其在已開發國家，任意解僱人，有可能因此吃上官司。不要小看台灣的工作環境，現在擁有高學歷證書的人才滿街跑，這些人不是說用就用，說解僱就解僱的人(反過來，不要忽略這些人才的專業程度)。所以說「人力」跟「財務」的短缺經常使SOHO族在接下大量的工作時感到力不從心，如果財務可以解決，相對的，人力也跟著解決了。在創業初期學會克制花錢的慾望，老老實實存一筆錢，除了應付景氣不佳，做為調度的基金以外，更可為將來長遠的事業規劃鋪路。

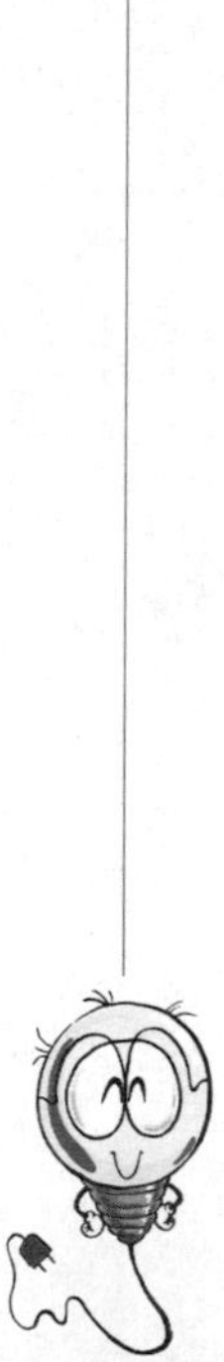

## 第五節 保持愉快的心情

「保持心情愉快」跟「調節情緒」其實是兩回事。「調節情緒」通常是屬於被動狀態之下的，例如「遭受打擊」、「面對瓶頸」，抑或是「慘遭失敗」，當負面的影響開始產生時，會造成情緒低落，當然得適時調整，這是正常的反應，人非聖賢，面臨這樣的情景，誰還有本事裝做若無其事，快活的應付每天的繁雜瑣事。雖然是正常反應，但總不能老哭喪著臉，消極的過日子，「調節情緒」的目的就在此，把灰色變成彩色，讓日子恢復正常，依舊努力做每件該做的事情。但是「保持心情愉快」是主動積極的，事情進展順利時，一切都很愉快，進展不順時，依舊保持積極的態度，不畏困難，反正船到橋頭自然直，就像股市行情一樣，跌到谷底總有往上攀升的機會，只有心平氣和的等待轉機。

### 保持最佳心態

長期作戰需要「心理」與「生理」上的健康來支撐。尤其是心理上的因素容易主導整個人的健康狀態。不要輕易把事情簡單化，以為有能力處理每件工作，其實很多人一旦遭受重挫，很快便不支倒地。腳踏實地，認清現實環境，在心態上力求平衡，越容易幫助自己熬過去。根據目前SOHO一族的經驗，多數的SOHO族心理障礙不是來自外在的侵害，而在於自己是否有能力面對剛開始創業的重重問題，過不了自己心理上這一關，再加上壓力的雙重威脅下，很快就屈服於困境，最後又走回職場，做個朝九晚五的上班族。

「保持心情愉快」有許多方法，空閒時去看一場電影、聽一場音樂會、找朋友聚聚，甚至參加心靈成長的課程，只要對自己有正面幫助，都可以試一試。國內樂壇的音樂工作者黃韻玲小姐接受雜誌訪問時說：「她創作不出來時，就去做好多事情，但都不一定跟音樂有關，只要做自己喜歡的事情都可以。」她的經驗值得參考。

「長期作戰」需要許多客觀條件配合，要了解自己的想法，往自己的意識裏去尋求答案，強烈的企圖心和實現夢想的進取心，都跟你的未來發展成正比成長。有人害怕面對失敗，但也有人不知如何應付成功，曾有心理學家說過「阻礙自己成功的往往是自己」，當你對環境擁

有主控權，當你清楚自己在做什麼，還有什麼好害怕的！面對競爭，面對作戰，一切從照顧好自己開始。

## 進入企劃SOHO之門 備忘錄

進入企劃SOHO之門

# 備忘錄

# 第十章

# SOHO族的**投資理財**計劃

做一名企劃SOHO族，本來就是靠「腦筋」賺錢；「理財」同樣也需要「動動腦」，光憑「蠻幹」，那一天才能做真正的「老闆」。

再不懂「理財」，真的是很落伍！

「理財」已經變成社會潮流，只要打開電視，關於股票市場的解析、各類基金投資、各種如何投資理財的節目傾全力而出，簡直叫人不知如何應付；甚至有報紙媒體的廣告片，也出現強烈的理財宣導觀。到底SOHO族的理財計劃應該如何進行，才能保障自己的SOHO生涯更加無慮？

## 第一節 建立正確的投資理財概念

### 為什麼要理財

記得這樣一個關於投資理財的電視廣告嗎？這是台灣某家報紙為宣傳他們的理財資訊所做的廣告。它分為幾個不同的片段，其中有兩段令人印象深刻；第一段講的是一位年輕時髦的上班女郎所具有的高消費能力。影片一開始，廣告畫面上即出現一個疑問，質疑一位年輕的上班族，每個月領一份不上不下的薪水，況且年齡那麼輕，為什麼買得起那些昂貴的消費品；接下來畫面上便出現歐美各大超級名牌的名稱，有香奈兒、LV、YSL…。廣告最後僅做一份聲明，答案其實很簡單，就是「投資理財」要趁早。第二段說的是一位剛出生不久的小baby，卻擁有上百萬的資產了，為什麼？廣告畫面一開始，就先告訴觀眾，一個才幾個月大的baby，就擁有一筆巨額財富，為什麼他這麼有錢，道理一樣很簡單，即是他的父母親懂得為他趁早規劃個人理財，就時間性來說，他已經比別人早一步奪得好時機，為將來做了準備。這筆財富對一個小嬰兒的未來來說，能發揮相當程度的作用，除非日後在他身上發生一些人為因素無法掌握的意外之災，否則以投資眼光來說，他的確比別人幸運。

早期的台灣社會，大家生活清苦，很多父母親都只知道努力賺錢，而不懂拿錢賺錢。由於當時從事勞動工作的人口比例比較高，憑勞力賺錢很辛苦，加上生活不安定，所以賺一塊是一塊，為防範明天沒有飯吃的日子，能存五角就存五角，每一分錢都要計算得很清楚，大家賺了錢就拚命存錢，「存錢」是最保守也最保險的理財方式。當時的台灣社會，多數人都沒有什麼投資理財概念，也很少人了解投資理財的重要性，就算清楚，其實也沒有多少能力可以做，有些家庭如果買了保險，都已經算是不錯的了，當然，買「保險」也是一個理財的方法。既然當時的社會這麼缺乏投資理財的觀念，自然的，也不可能有類似上述的廣告訊息出現，一者因為經濟落後，再者傳播媒體的限制比較嚴，訊息無法像現在流傳得那麼快速，但是最主要的還是應該歸咎於「無財可理」或「無處投資」吧！

懂得「投資」與「理財」，其實已經掌握了自己一半未來。從踏入社會，成為單身SOHO族開始，便要為自己準備未來的「結婚」基金，甚至為將來買房子做打算；結了婚，有了家庭，便要開始籌措未來小孩的「生活」與「教育」基金，以及應付各種貸款和雜七雜八的生活開銷，甚至為規劃事業，亦即自我創業的「創業」基金做準備。等小孩漸漸長大，自己漸漸老去，就得開始為自己將來老了沒人照顧的歲月做準備(只是想的比較實際一點)，「退休」基金的規劃也是從這時候開始。感覺上，好像人的一輩子都被錢綁死了，對！沒錯，如果懂得投資理財，日子還可能稱心如意些；完全沒有計畫，走一步是一步，到老了，才發現老來身上沒錢，子女不管，人生豈不是從此一片黑暗。所以，為什麼要理財？就是讓自己好過些。

# 第二節 SOHO族應該如何投資理財

## 理財第一步

SOHO族應該如何投資理財呢？上述所提的「存錢」、買「保險」都是比較趨於保守的做法，實際上也滿適合套用在SOHO族身上，不過，保守有保守的好處，但也有它比較不具時效的缺點，如果可以在保守中求穩定，在穩定中求成長，不失為妥善管理財務的好方法。當然這些得依照SOHO族的收入、生活方式、工作屬性隨時做調整，投資理財沒有什麼搭便車、取捷徑，或是走小道的快速方法，做事情都需要投入，要想在投資理財上有所斬獲，深入了解是第一要務，不要忘了，沒有付出，那有收穫。

## 投資族群的分類

到底有那些投資是適合ＳＯＨＯ族的呢？投資理財也有細分，有些人是保守族，有些則是大膽族、野心族，當然也有積極族和消極族。不管你是那一族，只要有任何投資理財的行動，都可以說是「有希望一族」。投資有風險，沒有人願意見到自己的努力付之一炬，所以行動之前，小心過濾吧！要理財，先了解自己到底是屬於那一種族群？

＊保守族

賺了錢就存，不過還懂得利用存錢來賺一些額外的收入。如定期存款的利息、購買基金賺取利息或股息，但是金額不大。

＊大膽族

賺了錢，還想賺更多的錢。投資幾乎都選擇高風險／高利潤的方式，如購買高額的基金、大量的股票投資(而且都是跑短線)，小筆投資看不上。

＊野心族

基本上有點類似大膽族，但是投資範圍更廣。除了固定存款、購買股票基金以外，還購買骨董及珠寶，凡是在投資的範圍之內，都可能涉獵。

＊積極族

盡可能搜集理財的相關資訊，凡事從節省開銷那一步做起，如使用二手貨、購買減價物品，進而到定期存款、購買保險、購買穩定基金、投資績優股。

＊消極族

只懂得存錢，對任何投資完全不感興趣。

不管你是屬於那一個族群，只要你想過「投資理財」這個問題，即表示你還是有機會「晉身」成為「有積蓄」的投資人，建議你參考下列幾種不同的投資理財方式，再依自己的

「能力」或「想法」，做適度「調整」，這樣一來，你也有機會從「消極族」變成「積極族」。

## 投資與收入

看過上述的投資族群分類，或許你已經可以看出端倪，投資理財最重要的是你有多少本錢可以拿來用。既然「投資」多數跟「收入」有很大關係，那麼SOHO族「理財」的第一要務就是先把自己每個月的開銷與管銷計算出來，知道自己有多少餘額可以使用，才能談得上投資與理財；否則如果自己每個月的收入是呈現負成長，每天都已經被債務逼得要死要活的，躲債要緊，其他的那還能顧得到。把管銷計算出來的另一個好處是可以清楚的掌握自己到底每個月花多少錢？每一筆開銷都花到那裏，弄清楚了，才能開源節流。如果有些地方是額外的浪費或使用不當的開支，剛好趁機處理。如果沒有辦法確切了解自己的負擔有多沉重，不妨製作一個簡單的「每月開支表」幫助自己掌握支出的每一分錢。

## 「每月開支表」

| 項目／個人 | 水電費 | 電話費 | 交通費 | 郵寄費 | 租賃費 | 伙食費 | 貸款費 | 信用卡費 | 油費 | 保險費 |
|---|---|---|---|---|---|---|---|---|---|---|
| 日常生活 | | | | | | | | | | |
| 工作 | | | | | | | | | | |
| 超支 | | | | | | | | | | |

| | | | |
|---|---|---|---|
| 健保費 | | | |
| 交際費 | | | |
| 材料費 | | | |
| 其他 | | | |

每個人的生活細節都不同，表格的內容可以依照自己的需求做更動，如果你的花費超過自己的預估，或實際費用確實超出預算，可以在超支那個欄位做一個記號，這樣，也許更容易控制自己的生活管銷。除了利用表格以外，也可以使用簿記的方式，把每個月的流水帳記錄下來，這樣的方法是店家或是小公司最簡單的做帳方式。如果個人管銷沒有這麼複雜瑣碎，以自行製作的表格來分析處理，反而比較方便。使用的方法其實大同小異，最主要在於適不適用，能做到第一步，控制自己的開支，接下來才有機會再談理財應從何處著手。

# 第三節 財富的累積

## 從小處著手

「累積財富」要從小錢開始做起。清楚自己賺來的每一筆錢都流到那裡去，仔細評估錢用掉後所得到的價值是否相等，如果是屬額外開支，再從花錢處，把錢省下來，長久下來，就會省下(也就是累積)一筆可觀的費用(錢財)，例如交通費、交際費等。從這些能省錢的小地方，省下每一筆錢，再拿這筆錢用定存或購買定期定額基金的方式存下來，不要小看每個月二千、三千的儲蓄，長期下來就能累積出一筆出人意外的金額；尤其購買基金，它是以複利的方式計算，短短幾年內看不出效果，時間一旦累積長了，數目會很嚇人的，對於沒有退休保證金的SOHO族來說，這是為自己準備退休基金的好方法之一。

花錢的動機，人人都不相同，相對的，存錢的動機，每個人的想法也不一樣，但是花錢容易存錢難，一旦養成隨手亂花錢的習慣，會上癮的，控制不了。如果你是這種有花錢慾的人，建議你最好儘量不要申請信用卡，以現金代替，外出時，有錢花就花，沒錢花就回家。存錢的目的或理由，也可看出人生百態，不要以為有錢人花錢就很大方，其實多數的窮人才是不知節制，愛亂花錢的族群，用最簡單的道理想想看，有錢人若是不懂理財或存錢，就算家裏開金礦也有用盡的時候，如已過世的唐日榮先生，從他身上我們看到兩種最糟糕的金錢管理法則，一是濫用錢，再者是不懂投資，年紀輕時不做打算，老了無依靠才是最悲哀的事情。

所以理財要用對方法，但是心理因素也會對花錢跟存錢產生作用，舉例說吧，如果你今天像張榮發先生一樣，已經賺了那麼多錢了，還會在乎多賺一百萬嗎？答案是，「會」。但是賺錢的意義卻可能不同，因為這多賺的一百萬也許可以提撥做為員工福利，也可以拿來做轉投資，甚至只是滿足自己工作精神上的成就感，它象徵自己對投資，對經營眼光的準確性，當數字累積越高，利潤越大，這種象徵意義就越深遠。所以做為SOHO族，賺錢的意義對你來說是什麼？你有沒有想過？公司要賺錢才能經營下去，光靠自己把每個case接來，辛苦的完成後，收到客户一筆錢，然後應付開銷，剩下的存進銀行就能支持嗎？按照這樣的模式走下去，公司能經營多久？答案肯定是「不知道」，你也可以問自己，這樣的循環周期，你可以做多久？翻開每一本投資理財的書，理財專家可能都會做這樣的提示：「要拿錢來滾錢」。「錢滾錢」不代表必須要從事高風險的投資，買基金、買保險都可以說是「錢滾錢」賺錢的方式，只不過那一種方式的回本或利潤回收的速度比較快的問題而已。專家的理財建議很重要，但你想過沒有？你做了沒有？

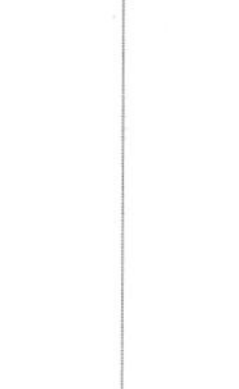

## 第四節 投資理財的方法

### 初期的理財方法

知道自己每月的固定開銷以及應付額外的費用有多少，也明白自己賺錢的意義是為什麼之後，剩下的，就只是如何「投資理財」這個問題了。首先，你對理財資訊的了解有多少？你知道可以利用什麼方式賺錢？從自己熟悉的管道上著手，機會比較佳，也比較安心。下面列舉一些比較為投資人所熟悉的投資方式，如銀行存款、短期票券、債券、股票、國內共同基金、國外共同基金、房地產、期貨、跟會、外幣買賣、小店經營…等。上述這些投資方式，不見得都適用在ＳＯＨＯ族身上，應從這些方式裏再找出符合自己需求的投資方法。

建議ＳＯＨＯ族剛開始理財時可以採取「保守策略」，例如銀行存款、跟會、購買國內共同基金、購買國外共同基金和債券、小店經營；這些方法都屬於金額比較低，壓力比較小，甚至風險低(金額低，若真的出狀況，損失額度比較小)的小額投資；但是一旦工作室經營穩

定，財富累積越來越多，建議你可以逐漸朝向大膽積極的投資理財方式靠攏，例如購買股票、收集骨董、購買珠寶。不過賺錢不易，最好也不要承擔太大的投資風險，否則損失的是自己，不管是大額或小額投資，最好還是先從投資內容了解起。

## ★跟會

有人曾說「標會是窮人借錢的最佳管道」，跟會最大的好處是利息比較高，當自己急需用錢時，也可隨時標下，但風險也高。不過任何風險的事情都還有人在繼續經營的話，就不算完全沒有希望。跟會最主要看「會頭」可不可靠，接下來看「會腳」穩不穩定，如果真要跟會，最好是找自己的至親好友，不熟識的人最好不要隨意加入，或者事先打聽清楚。比較懂得精打細算的大學生通常會在畢業的前一年強迫自己跟會，時間長短最好不要超過一年半，一旦畢業後，立即有一筆現成的資金可以運用，如果你的夢想原來就打算當一名SOHO族，這筆錢正好可以拿來做為創業基金，如果你本來就是SOHO族了，剛好可以強迫自己存錢，一年半的時間不算太長，熬一熬就過去了，但是比起銀行的利率，它可是高多了。

## ★銀行存款

建議你最好可以同時擁有兩個帳號或戶頭，把錢分散在不同的戶頭存放，因為就連銀行本身都有可能出現意外狀況。分散的好處當然就是風險分攤，尤其這幾年，新銀行紛紛成立，亞洲的金融風暴又尚未完全平息，自保的方法就是降低風險，總不能牆角挖個洞，把錢存進去吧！銀行本身的選擇也很重要，資深的大銀行，信用、資本額都值得信賴，因為競爭上的優勢，經營模式難免流於保守，新成立的銀行，為爭取顧客，通常會不定期的推出優惠專案或提高利率以爭取生意，這中間的差異或風險度，需要花點時間做評估。利率的高低跟通貨膨脹有關係，要想在這中間賺取利息，當然得考慮定期存款。提到利息，還必須注意利息所得一旦超過二十七萬還需繳利息所得稅，所以這也是分散存款的好處之一。下面就來看看定期存款有那幾種。

### A綜合存款

這是一個結合定存、活存，同時又可享有借貸功能的存款模式。存戶可以跟銀行事先約

定，當活期存款的金額累積到一定程度時，即自動轉存為定期存款，除了利息差異，定期存款本來就具有強迫儲蓄的功用。定期存款的缺點之一是當自己急需用錢時，卻對這筆存款動彈不得；但是綜合存款的好處之一是可以利用透支的方法，用金融卡提領這筆存款，可動用金額高達九成，當然你會賠上利率，不過比起存單質借的正常手續，它倒是方便很多。

## B 零存整付

零存整付的主要目的也是強迫儲蓄。對於沒有固定收入的SOHO族來說，也許比較難以掌握，但是在時間上它很有彈性，可以依金額大小，分為3個月、6個月、或12個月。正如上述所提，它的缺點是不能任意動用，如果你對金錢的調度比較不穩定，可以考慮另一個變通方式：整存整付。也就是說，如果你在短期內有一筆金額較高的款項要入帳，不妨考慮用3個月的整存整付方式來存錢，利息雖然不多，但還是錢，而且時間短，比較不容易影響正常運作，再者，不能動用錢的好處是不會亂花錢。

### C 自由零存整付

銀行為了存户的金錢自由運用著想，還推出自由零存整付的折衷辦法。存户可以在一年內的任何時間，隨時存入一筆錢(金額不受限)，當存户需要用錢時，銀行也允許存户提取存款的四分之一應急，對銀行及存户而言，彼此都可以受惠。

## ★基金管理

基金是國內這幾年最熱門的投資話題。台灣人對基金的認知與起步比起歐美日都算晚的了，甚至於比起臨近的香港，也落後了一大截。基金對SOHO族的最大好處恐怕是為自己存一筆錢，待退休後可以不用煩惱生活，更可利用這筆錢做自己想做的事。基金的投資也是五花八門，慎選投信公司、基金，以及基金經理人也很重要，一旦決定購買，就必須詳細了解市場行情，基金本身過去幾年的投資成效，投信公司本身的財務穩定性，例如這一兩年的高科技基金，為不少投資人賺到錢，但是遇到指數下滑時，賠起來也是慘兮兮，如果你是投資人就必須注意指數下滑的原因，不能過度仰賴投信公司或經理人，投資最怕自己不願意介入去了解市場行情。基金本身也分為幾種不同型態的投資，一般投資基金的投資人多數選擇「定期定額」或是「單筆買賣」。

### A 定期定額

每個月提一筆金額在自己開設的基金帳户上，交由銀行或投信公司代為處理基金投資，以現今的市場行情來看，金額最少在三千元以上。定期定額的優點是比較不用擔心股票行情或市場景氣，因為它是以累積點數的方式來買賣，指數比較高時，購買點數比較少，指數比較低時，購買點數比較多，雖然利益不多，但是不要忘了，它是按照複利計算，也不必擔心金額太大，負荷不了。再者，當自己開銷龐大，無法申購時，只需到所承辦的基金管理公司停止定期定額的代扣手續，就可隨時停止基金的買賣。

### B 單筆買賣

如果你手邊有一筆存款，而且確定短期內不會動用到，不妨投資在單筆基金的買賣，不

過正如前面所說，自己必須深入了解基金行情，買錯了只是自找倒楣。單筆的好處是如果投資正確的話，它的投資報酬率有時高達百分之百，錢滾錢這是一個最佳好例子。

### ★海外基金

基金雖屬小額投資，但是不代表風險度為零，購買海外基金可以同時分散風險。海外基金的好處之一是節稅。根據我國稅法，購買海外基金的獲利不在扣稅的範圍內，這對凡事需要節省的SOHO族來說，不失為一個好辦法。購買辦法可以透過銀行、海外投信公司來處理，至於海外基金的市場行情，只要打開國內報紙的財經版，都可看到你所需要的資料。基金投資需要長期經營，在國外一般投資期限為三年到五年，最好是五年，在香港，投資人多數以三年做為期限，台灣則是以一年為主。一年期限其實不夠長，複利計算的基金投資，時間放得越長，利潤越明顯，所以，如果你不急著用錢，建議你能放長至三年到五年的時間，利潤回收最佳，當然投資沒有任何保證，不能保證絕對有賺沒賠，賺錢需要各方條件配合，包括你自己。

## ★債券投資

相對於基金投資的熱門話題，債券投資彷佛冷清多了，其實債券投資也是節省稅額的另一個投資方式，因為稅法規定，債券持有人只有在領取債息時，才需課稅，但是「債券的附件交易」又很容易躲開「領息日」，所以可成為省稅的另外選擇。而且如果購買國家債券，風險度更低，如中央政府公債、省政府、市政府公債等，時間的流動性也比較不受拘束，萬一要提前解約，利率的損失通常不大，甚至沒有，這樣的投資空間，SOHO族怎麼能錯過呢？

## ★小店經營

小店經營的缺點是需要人力，如果人力可以解決，它會是投資的另一個好方法。解決人力可以考慮找家人，例如媽媽、姐妹，或好朋友，大家集資，湊出一筆錢，開始小店經營的投資之途。找親人好友的好處是可以信得過，因為經營小店，自己頂多只能做一名投資者，不太可能有時間花在小店管理上，或者只能利用有空時，到店裏幫幫忙，如果找來不熟識的夥伴，難道不怕被捲款落跑嗎？小店經營其實沒有想像中那麼困難，也不一定要投入龐大資金才能開店，如天母的士東市場二樓，已經被市政府規劃成小型精品店特區，裏面有各式各樣的小店面，坪數不大，頂多三坪到四坪，租金也不算貴，因為配合市場開放時間，所以營業時數很固定，也不會太晚，大約是早上10點至下午5點左右，投資金額也在十萬塊上下。

做生意比較辛苦的地方是時間的付出，尤其在剛開始經營的階段，但是參考沒有固定收入的演藝人員，他們最喜歡的副業多數為投資開店面，因為經營成功，就有現金收入。別人有「大錢做大生意」，你有「小錢就做小生意」啊！

生意小不代表好經營，但是有個小小店面，就可以隨時去走動走動，這是個好處，尤其當自己整天在家裏忙著寫企劃案時，總會有寫得天昏地暗的時候，需要喘口氣，到外面走走、溜溜、呼吸新鮮空氣、舒展一下筋骨。所以，這時你可以到自己經營的小店看看，順便跟客人聊聊天，了解一下外面的天氣，其實最重要的是你的腦筋需要休息，你的身體需要動一動，換個環境也許可以刺激自己，腦力激盪一下，突然靈機一動想出什麼好點子也不一定。長期處在一個安靜的環境裏，不見得就能有創意，如果你的合夥人有做生意的頭腦，投資金額不大，把經營小店面當做轉投資或副業來做，也許在SOHO生涯遇到瓶頸時，搞不好會是一個轉換環境，一個避風港，或後退之路，甚至是另一項成就的開端。

### ★股票投資

建議你投資股票最好先從小額的績優股開始，若能遇到高人指導更好，尤其台灣的股票變化莫測，不是熟手不要隨便踏入門，否則一不小心，搞不好就賠得精光。如果能遇到好心的股票營業員或經紀人，他們也許會給你一些良心的建議，但是遇不到，只好自己求上進，多多吸收及打聽市場行情，如台灣這幾年多數還是以電子股來帶動大盤，哪些電子股值得投資，就需要花時間了解；又如美國股市最近以來表現最傑出的「internet」股，未來「internet」股票在台灣的發展有沒有可能，也許這時候就必須開始做功課了。所以，股票投資還是小心一點比較好。

### ★投資珠寶／骨董

投資珠寶其實是個滿時髦的投資方式，尤其對女性的SOHO族而言，珠寶有時是社交的配備品，它可以同時代表「身份」、「品味」，還有「財富」，老實說，跟工作也有間接的關係。投資珠寶和骨董，要懂才不會吃悶虧，尤其在選擇上必須了解每款寶石的特性和屬性，才能使自己不會白花了錢，如果投資對了，搞不好幾年後當初投資的珠寶價值都已經飆漲好幾倍了。選擇寶石的幾項要素要把握，如質地好、稀有寶石、具有歷史價值，以及風格獨特，當然還有設計者的品味也不能忽略。

## 投資理財永遠不嫌太遲

投資理財永遠不嫌晚，就怕沒有開始，或是有了開始沒有耐心，不求上進，當然更忌諱貪小便宜，走高風險高利潤的路線，這些都沒有辦法達到理財的成效。沒有人是天生贏家，只有苦心經營的人才能享受辛苦過後的甜蜜成果，如果你是單身SOHO族，理財要趁早，如果你是已婚SOHO族，理財要謹慎，一旦出現虧損，可能危急一家人的生活條件，使小

孩也跟著承受風險，這是最不理性的做法。當自己的事業發展到某一程度時，理財的方向也會跟著變動，此時或許可以考慮更大成本的投資，例如房地產、股票、公司經營等路線，每個階段都有不同的做法，你清楚自己在做什麼嗎？是不是有花時間規劃？這些都可以從你的生活裏看出端倪，如果你對未來漫不經心，其實客户又怎能信賴你，家人又如何對你寄與厚望呢？除非你有靠山、有背景，否則大家都一樣，在忙碌的生活裏，汲汲營營的賺取每一毛錢，為不擔憂明天，為確保將來，為你還有一點夢想，所有的努力，都值得歡呼喝采。

進入企劃SOHO之門

## 備忘錄

# 第十一章

# 做一名**無後顧之憂**的SOHO族

「快樂」也需要「開發」和「經營」，懂得掌握自己的「方向」，才能創造自己的「未來」。為免除生活「憂慮」，就趁早努力吧！

在陸洛教授所翻譯英國聞名的社會心理專家Michael Argyle(麥可 阿蓋爾)的著作《The psychology of social class》(社會階級心理學)一書裏曾提到「幸福感的階級差異有一部份可能是因為錢能買到很好的生活水準……」；每個人對於「幸福快樂」的定義都不同，有人可以用一百萬得到快樂，但是有的人只需用一千塊就可以獲得近乎相等的快樂。差異的產生其實在於每個人對自我生活品質的要求不同，不過有一點卻是不容忽視的事實，穩定的經濟來源，創造安定的生活，卻是毋庸置疑的。如何做一名無後顧之憂的SOHO族，必須靠「客觀的周邊環境」與「主觀的自我要求」來配合，而這兩件要素其實都在自己掌握之中，真正做到了，才能使自己免於部份SOHO族所曾經面對的惶恐——經濟不穩定、生活一片混亂。

# 第一節 利用客觀的周邊環境

## 開發周邊資源

隨著「網際網路」的漸成風氣，可以預估人類未來即將掀起一場媒體大戰，許多花不起大錢做廣告的小成本公司，會逐漸選擇遠離「大眾傳媒」，而漸漸向「小眾媒體」靠攏。小眾媒體也分為幾個重點，在電視方面，如第四台頻道，在平面媒體方面，有免費贈送的小報或雜誌，當然最受注目的要屬「網際網路」這塊餅了。依目前發展的趨勢來看，它已經成為小公司或弱勢團體的眾望所歸，顯然具有傳播媒體明日之星的架勢，並且漸漸引發大企業或強勢媒體的虎視眈眈。在台灣尚未開發的「網路廣告」這塊商業大餅，其實最近幾年已在美國締造了幾十億美金的佳績，這一波的「資訊革命」，也為自由工作者帶來更多的生存空間，只要腦筋動得快，不難發現有許多新人類已經在網路上開發事業的新世界，這批人裏面，就包括專業企劃人才在內。因此，多多利用網路上的便利，開發未來可能最具潛力的網路新天地。

## 維持工作室生命週期的成長

在艾瑞·得格所寫的《The living company》這本書裏曾提到一個很有意思的問題，如果公司本身就是一個「生命體」……？一看到這樣的說法，難免要問，那麼它的生命週期能夠維持多長？一般人都知道有了「生」，相對的，就會有「死」的問題，這兩件事是對立的，也就是說當生命的契機越活躍時，距離死的邊緣就越遠；一旦把公司當做「生命體」來看待，就會衍生出公司這個「生命體」，但終究也有枯竭的一天，假設它不是在一個很正常的營運操作之下。活得健康的人，長壽的機率比較大，反過來說，如果公司體制本身就很健全，使它永續經營的機會也相對會提高。身為一名ＳＯＨＯ族，也許你的手下沒有半名員工，只有一些冰冷的機器陪你奮鬥，更別談管理上的技術問題，但是如果能以這樣的角度切入，也就是拿自己小小的天地當作一個生命體來看待，凡事認真以待，雖然是自由工作者，但是也要拿在職場往前「拚」的工作情緒、工作精神、工作態度為工作室的生命體創生機，確保「自己」及「工作室」活得健全、快樂。

## 第二節 主觀的自我要求

### 肯定自我

要想達到無後顧之憂的快樂境界，並非只是空談，如果你有心經營，很多事情都是可能的。古人不是說，要「未雨綢繆」，只要設想周到，小心行事，除非真的倒大楣，遇到天災人禍，在事業剛剛起步時就受創，那也不在你能控制的範圍內，但是，如果連做都不做，試都不試，就認定自己不行，那才是真的不行。人要活得健康不是只能套用在肉體上，事實上，精神上的健康更重要，每當面對失敗時，人都可能產生「自我懷疑」，但是不能在錯誤的經驗裏站起來，就不會「自我肯定」，選擇什麼樣的路，也要有勇氣承受什麼樣的苦，做個快樂的SOHO族並非不可能啊，每個人追求快樂的意義也不同，確定自己的想法，才能找出如何使自己快樂的真正原因。

## 寓工作於娛樂

當你在一個一成不變的環境裏，工作一段時間後，開始感到厭煩，開始幻想離開時，你可能需要靜下來思考令自己厭煩、想離開的原因是什麼？當不快樂的因素累積得越多，工作效率跟品質絕對會受影響。假設你受累於經濟問題、工作責任而無法離開時，不妨調整心態，利用一下想像力，想像「生活」跟「工作」裏的樂趣。電影大師楚浮曾經說過「電影導演是最快樂的人」，為什麼？因為有一回在往片場的途中，他看見一位很漂亮的小姐，碰巧有位男士就走在她的後面，於是他就利用想像力，想像這位男士趨前跟這位漂亮小姐說話，而這位小姐聽了之後，回頭就給他一巴掌。等到了片場，他就把這段想像的劇情放進當時正在拍攝的影片裏，他認為只有導演有機會可以把幻想變成影像表現出來，利用想像創作是他快樂的原因。雖然不是每個人都有這樣的機會去表達自己的想像力，但是你也可以利用想像力主導自己的生活跟工作品質，使SOHO族的生活可以輕鬆自在，遠離沉重的壓力、回想當初的選擇，不就是為了能夠開闢更遼闊的天空嗎？

## 摒棄強烈的自我意識

現代人的「自我觀念」都比較強，就如廣告上所說的「只要我喜歡，有什麼不可以」，這種強烈的自我中心，只能適用在某些場合或地方，這種工作態度，恐怕只會製造麻煩，而不是製作機會。自由工作者「自我管理」的觀念一定要有，要不就是一場混亂的開始。多數的SOHO族在剛開始享受自由自在的生活與工作時，總是覺得人生真美好，可以完全「做自己想做的事，過自己想過的日子」，但久而久之，當生活不再是甘甜如蜜時，是不是還得想對策應付，如果事先保留一些想法，預留一些空間，也就是說調整自己做SOHO族的生活，當最糟的情況發生時，總還會有挽救、解決的機會。

# 第三節 SOHO族如何沒有後顧之憂？

如何更安心的享受自由工作的生活呢？下面的建議是自由工作者所曾經面臨或經歷過的，可以提供未來SOHO族做參考。

＊把握機會

當有錢賺時，趕快把握良機，能賺就賺，除非客户真的很沒水準，否則看在「錢大哥」的面子上，再辛苦也要挺得住。自己的事業，自己打點，拚出成績來，才不會浪費自己投入的時間、精力跟腦力。

＊不要失去原則

維持原來的想法，不因環境變動而跟著改變。很多SOHO族選擇自己創業是因為有自己做事情的「原則」跟「想法」，這些想法在企業體制下，可能沒有辦法「付諸實現」，大公司的考量當然站在「利潤」的著眼點上，跟「個人理想」難免有抵觸的時候，能接受就接受，不能接受，也無法長期忍受，只好打包回家吃自己。但是有了工作室，才發現「理想跟現實」沒有辦法同時並行；堅持理想難免會喪失賺錢的機會，賺了錢又無法兼顧理想，處在這種兩難的情形下，最保守的做法是「保持原則」，想想自己成為自由工作者的原始目的是為什麼？

## ＊固定休息

有些SOHO族賺到錢，卻賠上自己的健康，得不償失。再怎麼忙碌，也要抽出時間做短暫休息；有些人常以「忙碌」做推託、做藉口。殊不知，搞創意的人最需要時間思考，忙碌的工作固然可以使自己賺到錢，但執行工作的過程，也常使人疏忽思考、健康等問題。固定給自己一段時間的空檔，不管是休息、思考、吸收新知，甚至只是享受生活，或睡覺都好，讓「腦力跟體力」沉澱，累積實力再上路，會走得更愉快。

## ＊走出室外，體驗人生

如果經濟許可，不妨計畫一趟旅行。從前礙於上班的固定生活，沒有辦法任意的到處走走看看，但是做為自由工作者的好處之一是可以趁著空檔期間，拿起行李，跑到自己夢想已久的國度，體驗不同的生活或人生。「旅行」對思考也會產生刺激，人在異地感受會特別明顯，如果經濟跟時間都不允許，也不一定非要飛到國外，國內也有很多地方，都值得去探索，地點有時是次要的，主要的是你有沒有用心去觀察人群，有沒有用心去體驗生活，偶爾「出走」，就當作是放自己一次假吧！

## ＊自我安排

「生活」跟「工作」一定要分開來，有些SOHO族會有怨言，一成為自由工作者馬上變成二十四小時服務，幾乎每一分鐘都在為工作的事煩心。這兩件事原來可以安排得很好，全在於自己肯不肯犧牲。要工作，免不了休息時間會受影響；要生活，就必須眼睜睜的看著自己把錢往外推，兩者間若要尋求平衡點，則工作需要規劃，生活當然是需要安排。

## 第四節　認清SOHO族生活

有些社會趨勢專家預言，下一個世紀是自由工作者蓬勃成長的時機，隨著資訊、科技的發展，讓許多人可以滿足在家上班的夢想，一來省下交通時間，再者，不用應付辦公室裏的是是非非、人事糾紛，甚至老闆的惡臉相向，或工作理念不合的麻煩問題。只要家裏有完善的設備，你就可以關起門來賺錢，做累了，也可以隨性的出去溜溜晃晃，偷閒的逛逛街、看看人群、買些書報雜誌、喝杯咖啡、吃個甜點再回來繼續工作。SOHO族的生活可以期待，但是只有將生活打理得一絲不亂，才不會受到因過度自由而帶來的傷害。

做自己主人，不要成為「錢」跟「工作」的奴隸；當你「擁有專業的知識、基本的客戶、關係良好的人脈、清楚自己的目標跟想法，還有一筆積蓄可以做為自己生活的後盾跟保障；當你厭倦人事紛爭、使不出力為自己的創意爭取；當你想呼吸不同的空氣、考驗自己的能力；當你要……」，任何原因都可以激發自己成為夢想的實踐者，如果你準備好了，就可以

開始行動。作家何索有一篇文章，內容是描述一個男人向他喜歡的女人求婚，其中一段對話很有意思，不過，也是一段啓發：故事裏的男人追求女人，已經有一段時間了，女的始終不答應嫁給他，隔了一年後，男的再開口，央求女的嫁給他，女的問「為什麼？」男人回答倒也直接乾脆，他說：「不能再拖了，再拖你就老了」。追求生活不也是如此嗎？年輕時，本來就容易編織夢想，有夢卻不願行動，到頭來可能只會自責的說：「當初為什麼不做？」，與其後悔，不如立刻行動，想清楚了，要做就做！如果自己對自己有十足把握，毋須為生活煩惱的SOHO生活，絕對會是屬於自己的。

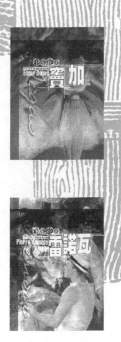

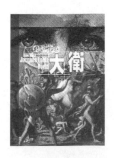

請沿虛線剪下，對折裝訂後寄回

北區郵政管理局
登記証北台字第9125號
免貼郵票

大都會文化事業有限公司
讀者服務部　收

110 台北市基隆路一段432號4樓之9

寄回這張服務卡(免貼郵票)
您可以
◎ 不定期收到最新出版訊息
◎ 參加各項回饋優惠活動

請沿虛線剪下，對折裝訂後寄回

大旗出版·大都會文化　　讀者服務卡

書號：CM005　**企劃工作者　動腦生涯轉轉彎**

謝謝您選擇了這本書，我們真的很珍惜這樣奇妙的緣份。期待您的參與，讓我們有更多聯繫與互動的機會。

## 讀者資料

姓名：______________________ 性別：□男　□女

身份證字號：______________________ 生日：　年　月　日

學歷：□國中　□高中職　□大專　□大學（或以上）

通訊地址：__________________________________

電話：（H）________________ (O)________________

※ 您是我們的知音。所以，往後您直接向本公司訂購（含新書）可享八折優惠。

1.您在何時購得本書：　　年　　月　　日

2.您在何處購得本書：

□書展　□郵購　□書店　□書報攤　□便利商店　□量販店

□其他__________。

3.您從哪裡得知本書（可複選）：

□書店　□廣告　□朋友介紹　□書評推薦　□書籤宣傳品等

4.您喜歡本書的（可複選）：

□內容題材　□字體大小　□翻譯文筆　□封面設計

□價格合理

5.您希望我們為您出版哪類書籍（可複選）：

□旅遊　□科幻　□推理　□史哲類　□傳記　□藝術　□音樂

□財經企管　□電影小說　□散文小說　□生活休閒　□其 他

6.您的建議：__________________________________

__________________________________________

__________________________________________

# 企劃工作者　動腦生涯轉轉彎

作　　者：林書玉
發 行 人：林敬彬
企劃主編：丁　奕
執行編輯：簡玉書
美術編輯：張美清
封面設計：張美清

出　　版：大旗出版社　　局版北市業字第1688號
發　　行：大都會文化事業有限公司
台北市基隆路一段432號4樓之9
電話：02-27235216　傳真：02-27235220
e-mail ：metro@ms21.hinet.net
郵政劃撥：14050529　大都會文化事業有限公司
出版日期：1999年8月初版第1刷
定　　價：220元

ISBN：957-8219-06-7
書號：CM005

國家圖書館出版品預行編目資料

企劃工作者動腦生涯轉轉彎／林書玉作.
初版 -- 臺北市；大旗出版；大都會文化發行,
1999〔民88〕
面；公分——（工商企管系列；5）

ISBN 957-8219-06-7（平裝）

1. 職業　2.創業

542. 77　　88005424